H. P. BLAVATSKY

et
Les Maîtres de la Sagesse

UNICURSAL

Copyright © 2018

Éditions Unicursal Publishers
www.unicursalpub.com

ISBN 978-2-924859-38-4

Première Édition, Imbolg 2018

ANNIE BESANT

PRÉSIDENTE DE LA SOCIÉTÉ THÉOSOPHIQUE

H. P. BLAVATSKY

et

Les Maîtres de la Sagesse

Classiques Théosophiques

UNICURSAL

INTRODUCTION

Seize ans et demi se sont écoulés depuis qu'Héléna Pétrovna Blavatsky a quitté ce monde mortel[1]. On continue néanmoins à attaquer sa véracité, sa réputation; des gens honnêtes, des personnes sympathiques se détournent encore de la Société théosophique en disant:

"Nous ne tenons pas à en faire partie; elle a été fondée par Mme Blavatsky, qui fut convaincue de fraude par la Société des Recherches psychiques."

Les articles qui la défendirent à l'époque sont depuis longtemps épuisés et oubliés. Le docteur Hodgson, auteur du rapport de la S.R.P.[2], a ajouté foi depuis à des phénomènes beaucoup plus étonnants que ceux

---

1   Le 8 mai 1891.
2   *Proceedings of the Society for Psychical Research*, part IX, Trubner et Cie, Londres, 1885.

qu'il a niés dans la présomption de ses jeunes années, et s'est trouvé lui-même en bute aux faux rapports et au ridicule. La grande publicité des œuvres inestimables de Mme Blavatsky, la diffusion des idées qu'elle a passé sa vie à apprendre et à enseigner, la croissance de la Société théosophique [3] qu'elle a fondée d'après les ordres de son Maître et avec l'aide de son collègue, le colonel H. S. Olcott, les écrits de jour en jour plus abondants publiés par ses disciples, — voilà sa véritable défense, voilà la justification de l'œuvre de sa vie. Mais, alors que le monde profite de ses doctrines, il n'est pas bien qu'il assiste complaisamment à la crucifixion prolongée de celle qui les enseigna, ni qu'elle soit stigmatisée de fraude et d'imposture, elle qui apporta à notre époque des vérités en voie de diffusion universelle. Il n'est que juste que sa défense soit à portée tant que la calomnie sera à l'œuvre, C'est pourquoi moi, qui la vénère comme mon premier instructeur, qui garde vivante en mon cœur une gratitude incessante pour celle qui m'a conduite vers mon Maître, vers celui que je sers depuis plus de dix-huit ans avec une reconnaissance toujours croissante, je veux établir ici les faits du passé, avec les commentaires qui me sembleront nécessaires.

---

3   Fondée en 1875, à New-York, la Soc. Théosophique comprend aujourd'hui des sections actives et bien organisées dans tous les pays du monde. (Note du traducteur.)

BIOGRAPHIE

Héléna Pétrovna était fille du colonel Pierre Hahn, et petite-fille du lieutenant-général Alexis Hahn Von Rottenstein-Hahn; sa mère était Héléna Fadéeff, fille du conseiller privé André Fadéeff et de la princesse Héléna Dolgorouki. La lettre suivante, dont j'ai sous les yeux l'original en français, adressée par le lieutenant-major-général R. Fadéeff à A. P. Sinnett, Esq., chez le secrétaire particulier de S. A. le vice-roi, et par l'intermédiaire du prince Dondoukoff-Horsanoff, gouverneur général du Caucase, fait foi de son identité :

"Je certifie par les présentes que Mme Héléna Pétrovna Blavacki [4], habitant actuellement Simlà (Inde britannique), est, du côté de son père, fille du colonel Pierre et petite-fille du lieutenant gé-

---

4   En français, Blavatsky.

néral Alexis Hahn de Rottenstein-Hahn (famille noble du Mecklembourg, établie en Russie), et, du côté de sa mère, fille d'Héléna Fadéeff et petite-fille du conseiller privé André Fadéeff et de la princesse Héléna Dolgouki [5], et qu'elle est veuve du conseiller d'État Nicéphore Blavacki, ex-vice-gouverneur de la province d'Erivan (Caucase).

Major-général,
ROSTISLAW FADÉEFF,

Secrétaire adjoint du ministre de l'Intérieur,
Comte Ignatieff, attaché d'état-major du
Ministère de la Guerre.
Saint-Pétersbourg, Petite Morskaia, 23.
18/30 septembre 1881."

À cela était jointe une lettre annonçant qu'un certificat formel du gouvernement suivrait dans quelques jours.

Héléna Pétrovna naquit en 1831, et sa tante, Mme N. A. Fadéeff, dans une lettre datée d'Odessa du 8/20 mai 1877, témoigne des merveilles qui l'entourèrent dès son enfance. Mme Fadéeff déclare qu'elle-même

---

5   En français, Dolgorouki.

avait toujours été profondément intéressée par les phénomènes psychologiques, et qu'elle avait saisi toutes les occasions de les observer. Elle ajoute :

"Les phénomènes produits par les pouvoirs médianimiques de ma nièce Héléna sont souverainement curieux, étonnants, et véritablement merveilleux ; mais ils ne sont pas exceptionnels, ni uniques. J'ai souvent entendu parler et souvent lu, dans les livres de spiritualisme sacré et profane, le frappant compte rendu de phénomènes semblables à ceux dont vous parlez dans votre lettre ; mais il s'agissait généralement d'incidents isolés, ou provenant de diverses sources ; au lieu que tant de force concentrée en un seul individu — tout un groupe de manifestations extraordinaires émanant d'une source unique, comme dans le cas de Mme Blavatsky, — voilà certes qui est extrêmement rare et peut-être sans exemple. Je savais depuis longtemps qu'elle possédait des pouvoirs médianimiques, les plus développés que j'aie jamais rencontrés ; mais quand elle était ici, ces pouvoirs étaient d'un degré bien inférieur à celui qu'ils ont maintenant atteint. Ma nièce Héléna est un être tout à fait à part, qui ne peut se comparer à personne autre. Comme enfant, comme jeune fille, comme femme, elle a toujours été trop supérieure pour que son entourage l'appréciât à sa juste valeur. Elle a reçu l'éducation d'une fille de bonne famille. Elle fut bien élevée, mais n'était pas du tout instruite, et quant à être savante, il n'en était pas même question. Cependant la richesse rare de sa nature intellectuelle, la délicatesse et la vivacité de sa pensée, sa merveilleuse facilité à comprendre, à embrasser et s'assimiler les sujets les plus difficiles, qui de tout autre auraient exigé des années d'étude laborieuse ; une intelligence éminemment développée, unie à un caractère loyal, droit, franc, énergique, — voilà ce qui lui a donné une supériorité intellectuelle si rare, ce qui l'a élevée si haut au-dessus du niveau ordinaire de l'insipide majorité des sociétés humaines, qu'elle ne put jamais éviter d'attirer l'attention générale, et par conséquent l'envie et l'animosité de tous ceux dont l'infériorité triviale se sentait blessée par la splendeur des facultés et des talents de cette femme réellement merveilleuse.

Vous demandez quelles langues elle a étudiées. Dès l'enfance, outre le russe, sa langue natale, elle ne savait que le français et l'anglais. Longtemps après, au cours de ses voyages en Europe, elle acquit un peu d'italien. La dernière fois que je la vis, quatre ans plus tard, c'est tout ce qu'elle possédait comme langues; j'en suis positivement certaine et puis vous l'affirmer. Quant à son érudition insondable, à l'époque dont je parle, quatre ans après, comme je vous disais, il n'y en avait pas l'ombre, ni même la moindre promesse. Elle était bien élevée, bien éduquée en tant que femme du monde, c'est-à-dire très superficiellement. Mais quant aux études sérieuses et abstraites, mystères religieux de l'antiquité, théurgie d'Alexandrie, philosophies et philologies anciennes, science des hiéroglyphes, hébreu, sanscrit, grec, latin, etc., elle ne les entrevoyait pas même en rêve, je puis le jurer. Elle n'avait pas la moindre idée même de l'ABC de choses pareilles."

À peine âgée de dix-sept ans, Héléna Pétrovna fut mariée à un vieillard; elle quitta précipitamment son mari en découvrant ce que c'était que le mariage, et se mit à errer dans le monde à la recherche de la science. En août 1851 nous la trouvons à Londres, et là, près de la Serpentine [6], par un beau clair de lune, selon son journal, "je rencontrai le Maître de mes rêves". Il lui

---

6   Petite rivière qui serpente dans Hyde-Park. (Note du traducteur.)

dit qu'elle avait été choisie pour travailler dans une société, et quelque temps après, avec la permission de son père, elle commença à s'entraîner en vue de sa mission future; elle subit sept et dix années d'épreuves, d'expérience et de dur travail. Mme Fadéeff va nous aider de nouveau; elle écrivait de Paris, en date du 26 juin 1884:

"J'ai écrit à M. Sinnett voilà deux ou trois ans, en réponse à une lettre de lui, et je crois lui avoir raconté ce qui se passa à propos d'une lettre que je reçus d'une manière phénoménale, lorsque ma nièce était à l'autre bout du monde, ou plutôt, à parler franc, quand personne ne savait où elle était, — et c'est justement ce qui nous inquiétait. Toutes nos recherches n'avaient abouti à rien. Nous étions prêts à la croire morte, quand je crois que c'était en 1870, ou peu après, — je reçus de l'être que vous appelez, je crois, Kout-Houmi, une lettre qui me fut apportée de la manière la plus incompréhensible et la plus mystérieuse, dans ma propre maison, par un messager de figure asiatique, qui disparut devant mes yeux. Cette lettre, qui me priait de ne pas être inquiète et m'assurait qu'elle était en sûreté, est encore en ma possession, mais à

Odessa. À mon retour je vous l'enverrai, et serai
très heureuse si elle peut vous servir. Permettez-
moi de dire qu'il m'est difficile, presque impossible, de croire qu'il y ait des gens assez stupides
pour penser que c'est ma nièce ou vous-même
qui avez inventé les hommes que vous appelez
les Mahatmas.

J'ignore si vous les connaissez personnellement depuis longtemps, mais ma nièce m'a parlé
d'eux, et très explicitement, voilà des années. Elle
m'a écrit qu'elle en avait vu plusieurs et qu'elle
avait renoué connaissance avec eux avant de publier son *Isis* [7]. Pourquoi aurait-elle inventé ces
personnages ? Dans quel but ? Et quel bien pou-
vaient-ils lui faire s'ils n'existaient pas ? Vos ennemis ne sont ni méchants ni malhonnêtes, je crois ;
ils sont simplement idiots, s'ils vous accusent de
cela. Moi qui resterai, j'espère, chrétienne fer-
vente jusqu'à ma mort, si je crois à l'existence de
ces hommes, sans croire cependant à tous les mi-
racles qu'on leur attribue, pourquoi d'autres n'y
croiraient-ils pas ? Je puis certifier l'existence de
l'un d'entre eux, au moins. Qui aurait pu m'écrire
pour me rassurer au moment même où j'en avais

---

7   *Isis Unveiled*, New-York et Londres 1878.

le plus besoin, si ce n'est un de ces Adeptes dont on parle ? Il est vrai que je ne connaissais pas l'écriture, mais la manière dont le message me fut remis était si phénoménale, que nul n'aurait pu le faire sinon un adepte de la science occulte. Il me promettait le retour de ma nièce, et cette promesse se réalisa. En tout cas, je vous l'enverrai dans une quinzaine, et vous le recevrez à Londres."

La lettre fut envoyée effectivement dix jours après, enfermée dans une note de Mme Fadéeff ; elle était écrite sur du papier de riz chinois, doublé de ce papier glacé fait à la main que l'on trouve dans le Cachemire et le Pendjab, et enfermée dans une enveloppe de même papier. L'adresse est ainsi libellée :

"À l'honorable, très honorable dame Nadejka Andriewna Fadéeff, Odessa. Un coin porte la mention suivante, de l'écriture de Mme Fadéeff, au crayon, en russe : — Reçu à Odessa, le 7 nov., au sujet de "Lelinka (nom familier de H. P. B.)," probablement du Tibet.

11 nov. 1870.
Nadejka F."

Voici le texte de la lettre :

"Les nobles parents de Mme H. Blavatsky
n'ont pas sujet de porter le deuil. Leur fille et
nièce n'a pas quitté ce monde. Elle est vivante
et désire faire savoir à ceux qu'elle aime qu'elle
se porte bien et se trouve très heureuse dans la
retraite lointaine et inconnue qu'elle a choisie...
Que les dames de sa famille se rassurent ; avant
que 18 nouvelles lunes se soient levées, elle sera
revenue chez elle."

La lettre et l'enveloppe sont de l'écriture maintenant connue du Mahatma K.H. [8].

Les dates suivantes ont été relevées sur une feuille
de papier trouvée à Adyar, d'une écriture que je ne
reconnais pas, et sans signature. Je les donne pour ce
qu'elles valent.

En 1848, immédiatement après son mariage, H.P.B.
quitta le Caucase et alla en Égypte ; elle voyageait avec
la comtesse Kiselef. Elle visita Athènes, Smyrne et
l'Asie-Mineure, et fit un premier effort pour entrer
dans le Tibet, mais sans succès. En 1853, à l'époque

---

8   *Report on the Result of an Investigation into the charges against
Madame Blavatsky*, pp. 95, 96.

de la visite de l'ambassade du Népal à Londres (c'était en 1851 plutôt, d'après son propre journal), elle était à Londres, et y rencontra son Maître. De là elle alla dans l'Amérique du Sud, puis par l'Océan Pacifique dans l'Inde, où elle fit un second effort inutile pour pénétrer dans le Tibet. Elle retourna en Angleterre par la Chine, le Japon et l'Amérique vers 1853. Elle fit alors un voyage aux États-Unis et dans l'Amérique centrale, et revint en Angleterre en 1855 ou 56. De là ; elle retourna aux Indes par l'Égypte, et juste avant la révolte des cipayes elle fit en vain une troisième tentative pour entrer au Tibet. Ensuite elle disparaît, puis reparaît en Russie à la fin de 1858 ou au commencement de 1859. Elle était à Tiflis de 1861 à 1863, puis alla en Égypte, et de là en Perse, traversant l'Asie centrale et pénétrant dans le Tibet vers 1864. En 1866, elle fit une courte visite en Italie ; puis retourna dans l'Inde et s'enfonça dans le nord, vers les monts Kouenlun, le lac Palté et le Tibet. Elle retourna à Odessa, par l'Égypte et la Grèce en 1872.

En 1874, selon le *Theosophist*, Mme Blavatsky fit naufrage, et, en attendant un envoi d'argent de Russie, elle reçut aide et abri chez des gens qui devaient lui faire bien du mal plus tard, les Coulomb, qui tenaient alors un hôtel au Caire, en Égypte. Mme Coulomb parait avoir été un médium, et avoir intéressé Mme

Blavatsky. La connaissance fut brève, car celle-ci alla bientôt en Russie, puis en France et en Amérique; dans ce dernier pays elle rencontra le colonel Olcott, avec qui, le 10 novembre 1875, elle fonda, pour obéir aux ordres qu'elle avait reçus, la Société théosophique. On peut lire l'histoire de cette époque dans les *Feuilles d'un vieux journal* [9], du colonel Olcott, où il est rendu compte de ses pouvoirs et des phénomènes merveilleux dont elle était environnée. D'Amérique, les deux fondateurs vinrent aux Indes, et fixèrent quelque temps leur quartier central à Bombay. Là, Mme Blavatsky reçut une lettre de Mme Coulomb, datée du 10 juin 1879, lui racontant les revers qu'elle avait subis, et lui demandant de lui prêter 200 roupies [10]. À la fin du printemps de 1880, elle et son mari vinrent à Bombay dans une profonde pauvreté; Mme Blavatsky eut pitié d'eux et les secourut, puis les établit au quartier général d'Adyar, M. Coulomb comme bibliothécaire et homme à tout faire, — car la bibliothèque était encore à venir, — et Mme Coulomb comme intendante et femme de charge.

---

9   Il nous a paru inutile de remplir ces pages de citations empruntées à des livres actuellement en circulation, et que peut consulter quiconque désire connaître les faits. L'ouvrage a été publié en français, sous le nom de: *Histoire authentique de la Société théosophique*, Publications théosophiques, 1er vol. 1907, 2e vol. en préparation.

10   *Report of the result*, etc., pp. 131,132.

L'ŒUVRE D'H. P. B.

SES COMMUNICATIONS AVEC LES MAÎTRES

L'œuvre de Mme Blavatsky et du colonel Olcott aux Indes est bien connue : les prodiges identiques qui l'environnèrent là comme en Amérique, son intuition merveilleuse des vérités qui forment la base de toutes les religions, et son amour intense pour "cette terre maternelle de mon Maître", attirèrent en foule autour d'elle les classes cultivées de l'Inde. Là encore, ceux qui désirent se convaincre de la force extraordinaire et de l'étendue de ses pouvoirs occultes, pourront lire les *Feuilles d'un vieux journal*. Ses brillants articles du *Theosophist* témoignent de sa science ; les fréquentes apparitions des Maîtres, leurs fréquentes communications avec elle et avec ceux qui l'entouraient furent bientôt de notoriété publique. M. Sinnett a raconté dans son *Monde occulte* ses propres expériences et celles de son entourage ; le plus grand de tous ces phénomènes fut sans doute la métamorphose opérée chez cet Anglo-indien sceptique, chez ce rédacteur en chef du *Pioneer*, qui, mis en contact avec le Maître K.H. par l'intermédiaire de Mme Blavatsky, devint son fidèle et loyal disciple, et l'a servi avec constance à travers toutes les vicissitudes [11].

Si le témoignage des hommes n'a pu jamais établir un fait, le fait de l'apparition des Maîtres, et des communications reçues d'eux pendant ces années-là, est établi hors de toute possibilité de doute. Prenons-en quelques exemples au hasard.

Le 1er décembre 1887, M. S. Râmasvâmier, officier d'état civil de district, donne à Mme Blavatsky une lettre sous enveloppe fermée ; puis il va faire une promenade en voiture avec elle, le colonel Olcott et Damodar ; en rentrant à la maison, ils virent tous, appuyé sur le balcon, un homme en qui le colonel et Damodar reconnurent le Maître de Mme Blavatsky ; il éleva la main et laissa tomber une lettre sur le sol ; c'était une réponse, écrite en caractères tibétains, à la lettre de M. Râmasvâmier : celui-ci certifie, en date du 28 décembre 1881, qu'il n'a pas perdu Mme Blavatsky de vue depuis

---

11   Comme je l'ai déjà dit, je m'abstiens de donner ici des témoignages qui sont à la portée de tous dans les livres en circulation : tout investigateur sérieux peut consulter lui-même *le Monde occulte* et ses renseignements si précieux.

le moment où il lui remit sa lettre jusqu'au moment où il vit ce personnage laisser tomber la réponse [12].

M. et Mme Scott — M. Scott était un fonctionnaire civil de l'Inde qui parvint ensuite à la situation de commissaire judiciaire de l'Oude, — le colonel Olcott, Mme Blavatsky, M. M. Murad Ali Beg, M. Damodar K. Mavalankar et le pandit Bhavâni Shankar étaient assis ensemble sur un balcon, d'où étaient visibles la bibliothèque, en partie obscure, et, au-delà, une chambre brillamment éclairée. M. Scott vit un homme, en qui il reconnut, d'après son portrait, le maître M., qui marchait dans la chambre: il s'avança vers une table, sur laquelle on trouva ensuite une lettre de l'écriture connue [13].

Le colonel Olcott écrit, en date du 30 septembre 1881:

"Ce même Frère me rendit visite une fois à Bombay, en chair et en os: il vint en plein jour et à cheval. Il me fit appeler par un serviteur dans la chambre de devant du bungalow d'H. P. B. (qui était à ce moment dans un autre bungalow, où elle causait avec les personnes présentes). Il

---

12　*Hints on Esoteric Philosophy*, pp. 72, 73.
13　*Id.*, pp. 74, 76.

venait me réprimander vertement pour quelque chose que j'avais fait en ce qui concernait la S. T., et comme H. P. B. était aussi répréhensible, il lui télégraphia de venir, c'est-à-dire qu'il tourna son visage et étendit le doigt dans la direction de l'endroit où elle était. Elle accourut immédiatement, et, en le voyant, tomba à genoux et lui paya un tribut de révérence. Sa voix et la mienne avait été entendues par les personnes qui étaient dans l'autre bungalow, mais H. P. B., moi et le serviteur, nous fûmes seuls à le voir. Une autre fois, deux ou même trois personnes, assises sous la véranda de mon bungalow dans le clos de Girgaum, virent un gentleman indou arriver à cheval, descendre sous le porche d'H. P. B. et entrer dans son bureau. Ils m'appelèrent et j'allai veiller le cheval jusqu'à ce que le visiteur sortît, se mît en selle et s'éloignât. Celui-là aussi était un Frère en chair et en os [14]."

Pendant ce temps M. et Mme Coulomb vivaient au quartier général de Bombay ; Mme Coulomb, en tant que spirite, n'était pas sceptique quant à la réalité des phénomènes, mais en tant que chrétienne fanatique et superstitieuse, elle les considérait, par suite de leur

---

14   *Hints on Esoteric Philosophy*, p. 80.

connexité avec des païens, comme l'œuvre du diable. M. Martandrao B. Nâgnâth qui fréquenta beaucoup les fondateurs à Bombay de 1879 à 1889, rappelle les cas où il a vu "les frères généralement invisibles de la première section de la Société théosophique". (La S. T., à ses débuts, était organisée en trois sections, dont la première se composait des Maîtres.) En 1881, il causait, en compagnie de trois frères théosophes, avec Mme Blavatsky, et Mme Coulomb aussi était présente, quand ils aperçurent le Maître K.H. à 8 ou 10 mètres de distance.

"Il portait une sorte de toge ou de robe flottante, avec de la barbe et de longs cheveux ondulés ; il se forma graduellement pour ainsi dire, en avant d'un arbrisseau ou d'un groupe d'arbrisseaux, à quelque 20 ou 30 mètres de nous, et se dressa enfin dans toute sa hauteur. Mme Blavatsky posa devant nous cette question à Mme Coulomb : "Ce bon Frère est-il un diable ?" car elle avait l'habitude de le dire et de le croire, et elle était effrayée quand elle voyait les Frères. Elle répondit ; "Non, celui-ci est un homme,". Il laissa voir sa forme complète pendant deux ou trois minutes, puis disparut peu à peu en se fondant dans le buisson."

Cette déclaration, qui contient le compte rendu de divers autres phénomènes, est datée de Bombay et du 14 février 1882 [15]. Elle est confirmée par le pandit Bhavâni Shankar [16].

Après que le quartier général de, la Société eut été transporté à Adyar, près de Madras, (le 30 décembre 1882), de telles apparitions des Maîtres eurent lieu fréquemment : c'était une coutume de famille pour les travailleurs de se réunir le soir sur le toit en terrasse ; et là, de temps à autre, un Maître se rendait visible, qui causait gentiment avec eux et les instruisait. À ce propos, M. C. W. Leadbeater, qui travailla pour la Société à Adyar, et en divers autres endroits de l'Inde et de Ceylan, de 1884 à 1888, écrit ce qui suit :

"Je suis heureux de témoigner qu'en plusieurs occasions j'ai vu les Maîtres apparaître en forme matérialisée au quartier central d'Adyar. J'ai vu dans ces conditions le Maître M, K.H., le Maître D.K., et un autre membre encore de la Confraternité, outre un ou deux disciples agissant comme messagers. Ces apparitions ont eu lieu parfois sur le toit en terrasse du bâtiment princi-

---

15   15 *Hints on Esoteric Philosophy*, p. 105.
16   *Report of the result*, pp. 76, 77.

pal, parfois dans ma propre chambre au bord de la rivière, et à plusieurs reprises dans le jardin. Les matérialisations se maintenaient fréquemment pendant vingt minutes, et en deux occasions au moins elles durèrent sensiblement au-delà d'une demi-heure."

Cependant ces apparitions des Maîtres n'étaient pas réservées exclusivement aux quartiers généraux de Bombay et de Madras.

M. T. Brown déclare ce qui suit dans *Mes Expériences aux Indes :*

"Lahore est spécialement intéressante, parce que nous y avons vu, dans son propre corps physique, le Mahatma Kout-Houmi en personne. Dans l'après-midi du 19 novembre, je vis le Maître en plein jour et le reconnus, et le matin du 20 il entra dans ma tente et me dit : "Maintenant vous me voyez devant vous dans la chair : regardez, et assurez-vous que c'est moi", et il me laissa une lettre d'instructions et un mouchoir de soie qui sont encore entre mes mains. La lettre est comme d'habitude écrite apparemment au crayon bleu ; elle est de la même main que les communications reçues à Madras, et une douzaine de personnes environ ont reconnu cette écriture comme la calligraphie du Mahatma Kout-Houmi. Sa lettre me faisait remarquer que je l'avais vu d'abord dans mes visions, puis en forme astrale, puis dans le corps à distance, et qu'enfin je le voyais maintenant dans son propre corps physique, assez près de moi pour me permettre de donner à tous mes compatriotes l'assurance que je suis, par connaissance personnelle, aussi sûr de l'existence des Mahatmas que de la mienne. La lettre est de nature particulière, et je ne puis en citer de passages suivis. Le soir du 20, le colonel Olcott, Damodar et moi étions assis en dehors du Shamiâna, quand nous reçûmes la visite de… (le principal Chélâ du Maître, maintenant un initié), qui nous informa que le Maître allait venir. Le Maître vint ensuite près de nous, donna des instructions à Damodar, et s'en alla." [17]

Sur cette visite à Lahore, en novembre 1883, Damodar lui-même donne beaucoup de détails. Il dit, à propos du Mahatma Kout-Houmi :

---

17   *Report of the result*, pp. 74, 75.

"Là je reçus sa visite en corps, pendant trois nuits de suite, et pendant environ trois heures chaque fois, tout en gardant moi-même entièrement conscience ; j'allai même une fois au-devant de lui hors de la maison. Celui que je vis en personne à Lahore était le même que j'avais vu dans sa forme astrale au quartier général de la S. T., et le même aussi que j'avais vu, en des visions et extases, dans sa maison, à des milliers de milles de distance, et que j'avais pu atteindre en Égo astral, grâce, naturellement, à son aide et à sa protection directes. Dans ces circonstances, avec mes pouvoirs psychiques encore peu développés, je l'avais toujours vu sous une forme assez vague ; cependant ses traits étaient parfaitement distincts, et leur souvenir était profondément gravé dans oeil et la mémoire de mon âme. Mais actuellement, à Lahore, à Jammou, et ailleurs, l'impression était entièrement différente. Dans les cas antérieurs, quand je lui faisais le *prânam* (salut), mes mains passaient à travers sa forme, tandis que dans les occasions postérieures elles rencontraient des vêtements solides et de la chair. Ici je voyais devant moi un homme vivant, avec les mêmes traits, mais bien plus imposant d'aspect général et d'attitude que celui dont j'avais si souvent contemplé les deux portraits qui sont en possession de Mme Blavatsky et de M. Sinnett. Je ne veux pas insister ici sur le fait qu'il a été vu corporellement et par le colonel Olcott et par M. Brown, séparément, car ils pourront le faire, chacun pour soi, s'ils le jugent à propos. À Jammou encore, où nous allâmes en quittant Lahore, M. Brown l'a vu le soir du troisième jour de notre arrivée, et a reçu une lettre de lui dans son écriture bien connue; je ne parle pas des visites qu'il m'a faites presque chaque jour, et presque tout le monde à Jammou sait ce qui est arrivé le lendemain matin. De fait, j'eus la bonne fortune qu'on m'envoyât chercher, qu'on me permît de visiter un *Ashram* sacré, où je restai quelques jours en la compagnie bénie de plusieurs Mahatmas de l'Himavat et de leurs disciples. J'y rencontrai non seulement celui qui est mon *Gouroudéva* bien aimé et le Maître du colonel Olcott, mais plusieurs autres membres de la Fraternité, y compris un des plus élevés. Je regrette que le caractère extrêmement personnel de ma visite en ces régions m'empêche d'en parler davantage. Il me suffira de dire que l'endroit que j'eus la permission de visiter est dans l'Himalaya, et non dans quelque paradis de fantaisie, que je vis mon Maître dans mon propre *sthûlasharirâ* (corps physique), et que je le trouvai identique avec la forme que j'avais vue dans les premiers temps de mon apprentissage initiatique. Ainsi je vis mon bien-aimé *Gourou* comme un homme non seulement vivant, mais actuellement jeune en comparaison de certains autres *Sâdhous* de la compagnie bénie, et plus aimable, et ne dédaignant pas la conversation ni une remarque gaie à l'occasion. Ainsi le second jour de mon arrivée, après l'heure du repas, j'ai pu causer pendant plus d'une heure avec mon Maître. Comme il me demandait pour quelle raison je le regardais d'un air si perplexe, je lui demandai à mon tour : "Comment se fait-il, Maître, que quelques-uns des membres de notre société se soient mis dans la tête que vous étiez un *homme âgé* et même vous aient vu par clairvoyance, ressemblant à un vieillard de plus de soixante ans ?" Là-dessus il sourit plaisamment et me dit que cette erreur était due aux rapports d'un certain *Brahmachârî*, disciple d'une *Svâmi* védantique des provinces du Nord-Ouest, qui l'an dernier avait rencontré au Tibet le chef d'une secte, un *Lâma* assez âgé, voyageant en ce moment en compagnie de mon Maître. Le *Brahmachârî* en question avait parlé dans l'Inde de cette rencontre, ce qui avait amené plusieurs personnes à confondre le Lâma avec lui-même. Quant à être aperçu par clairvoyance sous forme d'un "homme âgé", cela était parfaitement impossible, ajouta-t-il ; la véritable clairvoyance n'aurait jamais pu induire personne en une telle erreur ; puis il me reprit doucement d'attacher quelque importance à l'âge d'un *Gourou*, ajoutant que les apparences étaient souvent trompeuses, etc., et expliquant d'autres points [18]."

Le pandit Bhavâni Shankar raconte que pendant qu'il voyageait dans le Nord au printemps de 1884, le Mahatma M. fut aperçu par M. Nivaran Chandra Moukerji et par lui-même, en son corps astral, à une réunion de branche, et il ajoute :

"J'ai vu ce même Mahatma, c'est-à-dire le Maître de Mme Blavatsky, plusieurs fois, dans son double, au cours de mes voyages dans le nord. Ce n'est pas seulement le Maître de Mme Blavatsky que j'ai vu en son double, mais aussi mon Gouroudéva vénéré K.H. J'ai vu aussi celui-ci, mon Maître, dans son corps physique, et je l'ai reconnu [19]."

---

18   *Report of the result*, etc., pp. 82, 84.
19   *Report of the result*, etc., pp. 79, 80.

M. Mohini M. Chatterji écrivait, le 30 septembre
1884:

"Pour un Brâhmana comme moi il y a de la
répugnance à parler du rapport confidentiel et sacré qui existe entre un maître spirituel et son disciple. Cependant, en cette circonstance, le devoir
m'oblige à dire que j'ai personnellement et absolument connaissance de l'existence du Mahatma
qui a correspondu avec M. Sinnett, et qui est
connu dans le monde d'occident sous le nom de
Kout-Houmi. J'ai eu connaissance du Mahatma
en question avant de connaître Mme Blavatsky,
et je l'ai rencontré en personne l'année dernière,
quand il passait par la province de Madras, en
route pour la Chine [20]."

M. S. Râmasvâmier, partant pour le Tibet à la
recherche de son Gourou, rencontra sur la route de
Sikkim "un cavalier solitaire, qui galopait vers moi, venant en sens contraire. En m'approchant, il retint sa
monture. Je le regardai et le reconnus instantanément.
J'étais en présence de ce même Mahatma, mon vénéré
Gourou, que j'avais vu auparavant en son corps astral,

_____

20   *Id.*, p. 74.

sur le balcon du quartier général théosophique. C'était lui qui, dans la nuit à jamais mémorable du 1er décembre, avait laissé tomber une lettre en réponse à celle que j'avais donnée sous enveloppe cachetée, une heure tout au plus auparavant, à Mme Blavatsky, que je n'avais pas perdue de vue un seul instant dans l'intervalle… J'étais enfin face à face avec le "Mahatma de l'Himavat"; il n'était pas un mythe, ni "une création de l'imagination". Il ne faisait pas nuit; il était entre neuf et dix heures du matin. Mon bonheur me rendit muet [21]."

M. Casava Pillai aussi, près de Sikkim, "a vu les Mahatmas dans leurs corps physiques, et les a trouvés identiques à ceux qu'il avait vus dans des songes et visions, ou en forme astrale, comme il a été dit plus haut (à Bombay) [22]".

Voilà donc un certain nombre de témoins indépendants, qui affirment avoir rencontré ces mêmes Maîtres en chair. Laissant maintenant de côté leurs manifestations directes, je vais, parmi les nombreuses communications reçues d'eux d'une manière superphysique, en choisir quelques-unes, simplement comme exemples.

---

21   *Report of the result*, pp. 85, 86.
22   *Id.*, p. 89.

"À Bombay le 2 février 1882, l'honorable J. Smith, membre du Conseil législatif de la Nouvelle-Galles du Sud, professeur à l'université de Sidney, entra dans sa chambre en compagnie de Mme Blavatsky; il y était d'abord entré seul et s'était assuré que tout était comme à l'ordinaire; ils s'assirent, et en même temps "elle prit mes mains dans les deux siennes. Au bout de quelques secondes une lettre tomba à mes pieds; il me sembla qu'elle avait apparu d'abord un peu au-dessus du niveau de ma tête. En ouvrant l'enveloppe je trouvai une feuille de papier à lettre portant l'entête du gouvernement des Provinces du Nord-Ouest et de l'Oude, et les mots suivants écrits au crayon rouge, de la même écriture exactement que les lettres du soir précédent: "Pas moyen de vous écrire en dedans de vos lettres, mais je puis vous écrire *directement*. Travaillez pour nous en Australie, et nous ne nous montrerons pas ingrats, mais nous vous prouverons notre existence actuelle, et nous vous remercierons."

L'examen impartial des circonstances exclut, à mon avis, toute théorie de fraude.

J. SMITH."

M. le professeur Smith, plus tard, dans une lettre adressée de Nice à Mme Blavatsky, en date du 31 janvier 1883, rend ainsi compte d'une communication reçue par lui :

"Vous croyez que ma lettre à M. a été inutile, mais permettez-moi maintenant de vous exposer les faits. Vous pouvez vous souvenir que vous terminiez votre lettre par un post-scriptum me demandant de n'être pas fâché contre le Frère. Or j'ai trouvé ce post-scriptum suivi de quelques mots à l'encre rouge, de l'écriture de M., disant que votre conseil était très gentil et plein d'indulgence (ironie évidente). Mais il y a plus. En dedans de votre lettre il y avait une petite enveloppe, bizarrement pliée et gommée, avec mon adresse à l'encre rouge. Quand je l'eus coupée, j'y ai trouvé ma propre note à M. *absolument intacte.* Ma femme, qui l'avait cousue, et d'autres dames à qui je l'avais montrée, se sont assurées que la couture n'était pas dérangée le moins du monde. Je fus d'abord porté à croire qu'elle était revenue telle qu'elle était partie, mais en l'ouvrant, quel fut notre étonnement à tous quand j'en tirai un morceau de papier chinois avec un curieux dessin dessus, et en marge, tout autour, de l'écriture à l'encre rouge, avec la signature ou plutôt le cryptogramme de M. La phrase commençait ainsi : "Vos dames, à ce que je vois, sont sceptiques, et meilleures couturières que nos fillettes indoues et tibétaines, etc." Pour ma femme et moi l'épreuve est aussi satisfaisante qu'elle est flatteuse et étonnante. Comment ce papier chinois a-t-il pénétré dans ma note ? Par aucun des moyens connus aux mortels ordinaires. Je n'osais guère espérer rien d'aussi probant quand j'enfermai dans ma lettre la note pour M., et je lui en suis très reconnaissant. Cela m'encourage à joindre à la présente une autre note pour lui, dans l'espoir de recevoir une réponse ; mais je n'en fais pas une épreuve : je demande seulement des renseignements. Cependant, s'il juge à propos, volontairement, de me donner quelque preuve additionnelle de ses pouvoirs "miraculeux" (car d'après nos idées admises sur la matière, cette affaire de la lettre mérite ce nom), cela me fera un plaisir intense. Je suis plus fâché que jamais de n'être pas resté avec vous une semaine de plus, pour avoir l'occasion de voir M., et peut-être de faire sa connaissance personnelle. En parlant de la disparition de ma note pour M., vous ajoutez : "À toutes mes questions je n'ai reçu qu'une réponse : Occupez-

vous de vos affaires, etc." De quelle manière ces
questions étaient-elles faites ? Par de simples
impressions mentales, ou en des conversations
actuelles avec le double ou la projection de M. ?
Et savez-vous pourquoi M. a pris la lettre que je
vous adressais aussi bien que la note pour lui (du
moins en supposant qu'il l'ait prise), car de ce fait
votre réponse et sa propre communication pour
moi ont été grandement retardées... Ma femme
me prie de vous envoyer sa meilleure considéra-
tion. Elle espère vous voir un jour ou l'autre, Vous
espérez, dites-vous, qu'elle aura alors un peu plus
de foi qu'aujourd'hui. Mais je crois vous avoir dit
qu'elle ajoutait foi aux faits inclus sous le terme
de spiritisme, et maintenant elle est tout à fait
satisfaite de cette preuve envoyée par M., étant
sure que par aucun moyen connu ce morceau de
papier chinois n'aurait pu être inséré dans la note
qu'elle avait cousue".

J'ai entre les mains plusieurs des lettres envoyées
par les Maîtres durant ces années, les unes griffonnées
sur la lettre qui demande une réponse, d'autres indé-
pendantes. Elles, sont venues de toutes les manières,
par la poste, par apparition soudaine sur une table,
dans un tiroir, par une chute dans l'air, etc... Le 10

février 1882, on vit tomber une lettre perpendiculairement sur le sol, en plein air, à dix pas de la chaise de
Mme Blavatsky, et à sept pas du petit groupe qui la vit
tomber. Une autre tomba dans un compartiment de
chemin de fer, occupé par Mme Blavatsky, M. et Mme
Oakley et M. Leadbeater, la blâmant pour ce qu'elle
faisait à ce moment. Mais les exemples sont innombrables.

Cette distribution phénoménale de lettres n'était
pas du tout confinée au voisinage immédiat de Mme
Blavatsky. Le docteur Hartmann nous raconte qu'on
eut besoin d'une paire de tenailles :

"Me souvenant que j'en avais dans le tiroir de
mon bureau, je descendis dans ma chambre pour
les chercher. J'ouvris le tiroir, j'y vis les tenailles et
divers autres objets, mais pas la moindre trace de
lettres, car j'avais enlevé mes papiers la veille pour
les placer ailleurs. Je pris les tenailles et j'allais
fermer le tiroir, quand… il y avait dans le tiroir
une grande enveloppe, adressée à moi dans l'écriture bien connue du Maître et cachetée du sceau
portant ses initiales en caractères tibétains. En
l'ouvrant, je trouvai une longue lettre très aimable traitant précisément des questions dont je ve-

nais de causer avec Mme Blavatsky [23], donnant
en outre une réponse détaillée et très satisfaisante à la question même qui avait tant embarrassé
mon esprit, avec une explication satisfaisante de
certains sujets qui depuis quelque temps avaient
été prépondérants dans mon esprit, mais dont je
n'avais rien dit du tout. Enfin, il y avait dans la
même enveloppe une photographie du Maître,
format album, avec une dédicace pour moi derrière. Or, si je suis sûr de quelque chose au monde
c'est que mon tiroir ne contenait pas cette lettre
quand je l'ai ouvert, et qu'il n'y avait personne de
visible dans ma chambre à ce moment. La lettre,
qui donnait une réponse détaillée à ma question,
doit avoir été écrite, cachetée et misa dans le tiroir en moins de quatre minutes, alors qu'il a fallu
exactement quarante minutes pour la copier le
lendemain et pour finir, elle traitait un problème
très difficile d'une manière si consciencieuse en
même temps que si concise, que seule une intelligence de l'ordre le plus élevé pouvait avoir fait
cela (5 février 1884) [24] ".

---

23   Il avait interrompu sa conversation avec Mme Blavatsky pour
descendre chercher les tenailles.

24   *Report of observations made during a nine months stay at the
Headquarters of the T. S.*, par F. HARTMANN docteur en médecine, pp. 29, 30.

Le 17 mars 1884, M. Navatram Ootaram Trivedi étant au quartier général d'Adyar, écrivit quelques questions sur une feuille de papier écolier :

"Je voulais que Damodar fit répondre à ces questions, mais il n'y fit pas attention. Vers midi je m'assis à une table, avec M. Damodar en face de moi. C'était dans le bureau, en bas. Je relus pour moi-même les questions que j'avais écrites, et mis le papier sur la table. Au bout de quelques minutes, pendant que je parlais à Damodar, le papier disparut : je m'en aperçus sans le dire et continuai à causer ; quelques instants après nous trouvâmes une enveloppe parterre. Elle m'était adressée, et en l'ouvrant, je trouvai ma propre feuille de questions couverte d'écriture au crayon bleu. Les réponses à mes questions étaient complètes, et avaient été écrites bien en regard de chaque question. L'écriture était celle du Mahatma Kout-Houmi. Mme Blavatsky et le colonel Olcott n'étaient pas à Adyar à ce moment ; ils voyageaient en Europe, et étaient probablement à Paris [25]."

---

25 *Report of the result*, etc., pp. 61, 62, Les questions et réponses ont été publiées dans le *Theosophist* de juillet 1907. Je les ai copiées sur le document original.

Voici ce que déclare M. R. Casava Pillai :

"En l'année 1882, je voyageais en chemin de
fer entre les gares d'Allahabâd et de Mogal Sérai,
lorsqu'une lettre tomba dans le compartiment du
train où j'étais assis. J'étais seul dans le compartiment, et la voiture était en mouvement. J'avais
désiré que le Mahatma Kout-Houmi me donnât
des instructions sur certain sujet auquel je pensais
alors ; en ouvrant la lettre, je trouvai la réponse
à mes pensées, de l'écriture du Mahatma Kout-
Houmi, que je connais si bien. Mme Blavatsky
était alors à Bombay [26]."

Comme l'écrivait une fois Mme Blavatsky en marge d'un récit semblable : "Qui était l'imposteur ici ?"
Pendant un séjour du pandit Bhavâni Shankar à
la maison de M. Sinnett à Allahabâd en mars 1882,
Mme Blavatsky était à Bombay. Un soir, M. Sinnett
lui donna une note adressée au Mahatma K.H.. Le
pandit mit la lettre près de son oreiller, ferma ses portes, alluma sa lampe, et se trouva seul. Entre 10 et 11
heures, il vit astralement son Maître, qui prit la let-

26   *Report of the result*, etc., pp. 60, 61. Les questions et réponses
ont été publiées dans le *Theosophist* de juillet 1907. Je les ai copiées sur
le document original .

tre. Le lendemain matin il trouva la réponse sous son oreiller, adressée à M. Sinnett, et la lui remit : Le 8 novembre 1883, à Bareilly, le pandit Bhavâni causait avec un ami européen. Il portait en bandoulière un sac à dépêches, et, pendant la conversation, il reçut, à l'intérieur de ce sac, une lettre de son Maître, dans une enveloppe chinoise [27].

Damodar donne l'histoire de diverses lettres reçues par lui, absolument en dehors de Mme Blavatsky. Vers la fin de 1880, au quartier général, quelques jours après le départ de Mme Blavatsky, il reçut de son père une lettre sur des affaires de famille, qui lui donna beaucoup à réfléchir ; il écrivit la décision qu'il avait prise, dans l'espoir que les Mahatmas écriraient dessus s'il avait raison ou tort, et la renferma à clef dans le tiroir de sa table ; puis, réfléchissant que s'il se trompait, il en serait averti, il ouvrit le tiroir et détruisit sa lettre. Le lendemain matin il trouva dans le tiroir une lettre de son Maître en hindi. Le 21 août 1881 il était à Bombay, au quartier central ; le colonel Olcott était à Ceylan, Mme Blavatsky à Simla. Un soir il était assis près de son lit, et se trouvait très abattu à cause d'ennuis de famille ; il voit, sur la petite table devant lui, se former une lettre, et constate qu'elle venait de son

---

27   *Report of the result*, etc., pp, 77, 79.

Maître. En 1882, Mme Blavatsky étant à Darjiling, il était assis sur le balcon découvert, ruminant une idée entrée dans son esprit. À cette occasion, il n'était pas seul ; M. Coulomb était là. Au moment où ce dernier allumait une cigarette, Damodar sent un léger choc électrique, et voit une lettre à ses pieds ; elle contenait une réponse à sa pensée, en même temps que certains renseignements à transmettre à un frère théosophe. Pendant une absence de Mme Blavatsky qui était à Ootocamund, en juillet 1883, diverses lettres furent re-çues dans le tabernacle à Adyar ; Damodar les y dépo-sait et y reprenait les réponses. Il reçut aussi des lettres de l'écriture bien connue, avant et après l'arrivée des Coulomb, loin du quartier général aussi bien que dans son enceinte, ainsi que des notes écrites sur des lettres d'étrangers, distribuées par le facteur entre ses propres mains [28]. Dans toutes ces occasions, Mme Blavatsky était au loin, mais l'écriture était identique à celle des lettres reçues si souvent par son intermédiaire.

Le 1er août 1884, Mme Blavatsky étant en Angleterre, le colonel Olcott et le docteur Hübbe-Schleiden voyageaient en express d'Elberfeld à Dresde. Le docteur s'étant soulevé de son siège pour tendre les billets au contrôleur, le colonel Olcott remarque

---

28   *Report of the result*, pp. 103-116.

quelque chose de blanc sur le coussin; il se trouve que c'était une enveloppe tibétaine, contenant une lettre du Mahatma K.H., de son écriture bien connue.

LA TRAHISON DES COULOMB

LE TABERNACLE

Avant de nous occuper des communications reçues pendant quelque temps dans le fameux *tabernacle* à Adyar, il est nécessaire de décrire l'appartement qui devint célèbre plus tard. Mme Blavatsky occupait deux des trois chambres du premier étage, qui ouvraient sur un grand vestibule. Il y avait un salon ouvrant dans une chambre à coucher, qui à son tour donnait accès dans une troisième chambre; le mur entre la chambre à coucher et cette troisième chambre était fait de deux cloisons ayant entre elles un intervalle de douze pouces [29], légèrement construites, car il n'y avait pas de soutènement à l'étage au-dessous; et au milieu de ce mur il y avait une porte, qui se trouvait ainsi dans un enfoncement. Cette troisième chambre avait été réservée pour des usages occultes, et

---

29   Environ 0 m. 30.

était appelée la chambre occulte. Sur ce mur de séparation, et simplement suspendu, se trouvait un placard mobile, qui à l'origine avait été au-dessus de la porte [30], et où étaient placés deux portraits à l'huile des Maîtres, un bassin d'argent et d'autres articles ; ce placard mobile avait un fond solide et des étagères, et était simplement suspendu contre le mur, de façon qu'on pût l'enlever facilement. Ce placard était appelé *le tabernacle*. Le mur était plâtré et uni, et diverses personnes, après qu'il eut été manipulé par les Coulomb, rendirent témoignage de ce fait qu'il était intact jusqu'au 17 février 1884 au moins (H. P. B. quitta Adyar le 7 février). Le général Morgan a déclaré qu'il a vu la chambre occulte pour la première fois, en août 1883, au cours d'une visite à Adyar en l'absence de Mme Blavatsky, et que, sans doute en conséquence d'un phénomène remarquable qui arriva pendant sa visite, il a examiné avec beaucoup de soin le tabernacle et ses environs ; il

---

30   Mme Morgan, femme du général Morgan, déclare : "Je puis établir comme un fait que pendant mon séjour à Adyar, en décembre 1883, Mme Blavatsky emmena M. C. et moi, pour nous montrer le fond du tabernacle, ainsi que le mur qui avait été bâti derrière, où il y avait eu une porte ; on pouvait librement examiner celle-ci et voir qu'elle était verrouillée et fermée à clef ; pourtant elle la fit maçonner, pensant que cela écarterait toute occasion de soupçon. Le mur présentait alors une belle surface blanche et bien polie. Peu de temps après, je vis tapisser ce mur, car c'est moi qui surveillai l'opération." (*Report of the result*, etc., pp. 99, 100).

affirme que jusqu'en janvier 1884, époque où il quitta
le quartier central, "toute tricherie était impossible".
Le colonel Olcott reporte cette date jusqu'au 15
février 1884, une semaine après que Mme Blavatsky
eut quitté Adyar. Le 15 décembre 1883, on lui avait dit
de tenter une expérience en faisant des marques "sur
les points du mur correspondant au centre et aux quatre coins du placard". Il enleva le placard dans ce but,
et, ayant fait son expérience, le suspendit de nouveau à
sa place. Après l'anniversaire, il alla à Ceylan, retourna
à Adyar le 13 février 1884, c'est-à-dire après le départ
de Mme Blavatsky, et repartit pour la rejoindre le 15
février. Pendant ce temps, il décrocha de nouveau le
placard pour examiner les marques, et, à cette date, ne
trouva pas de trou dans le mur [31]. Il faut se souvenir,
à ce propos, que jamais personne n'a porté la moindre
accusation contre l'honneur du colonel Olcott. On l'a
traité de dupe, jamais de complice.

Les témoignages sur la nature du tabernacle, et du
mur qui était derrière, sont décisifs.

Le juge Sir Subramania Aiyer, de la haute-cour
de Madras, est peut-être l'Indien le plus respecté à
Madras, honoré également par les Européens et les
Indiens. Il déclare (10 janvier 1884) qu'il était présent

---

31   *Report of the result*, etc., p 102.

à Adyar pendant l'anniversaire de 1883, et qu'il y a vu certains phénomènes, les 26 et 28 décembre.

"La chambre en question est située en haut. Dans la chambre se trouve le tabernacle, une armoire de bois appliquée contre le mur. Elle n'est pas fixée au mur, mais ne fait que le toucher : j'ai soigneusement examiné le tabernacle en dedans et en dehors, ainsi que le mur contre lequel il est appliqué. Je n'ai rien trouvé qui puisse faire soupçonner l'existence d'aucune combinaison expliquant ce que j'ai vu. À l'intérieur de l'armoire il y a deux portraits encadrés de Mahatmas, recouverts de pièces de soie jaune, un bassin d'argent et quelques images… Je n'ai vu aucune matière à tromperie, ni fils de fer, ni ressorts en dedans ou en dehors du tabernacle. J'ai demandé la permission d'examiner le tabernacle et elle m'a été donnée. Non seulement je n'ai *vu* aucun fil, ressort ni combinaison, mais je n'ai rien *senti* en mettant ma main dans le tabernacle pour l'examiner [32]."

M. R. Casava Pillai, inspecteur de police, déclare :

---

32   *Report of the result*, etc., pp. 63, 64.

"Quand j'étais au quartier général d'Adyar en janvier dernier (1883), je suis entré dans la chambre occulte cinq ou six fois, dont quatre fois en plein jour. En deux de ces occasions pendant le jour, plusieurs théosophes de l'Inde méridionale sont entrés dans la chambre, une fois sur la prière de Mme Blavatsky, et l'autre fois de M. Damodar, pour examiner le tabernacle et les murs de la chambre. Après un examen très soigneux, ces personnes n'ont rien découvert de suspect. On a constaté que le tabernacle était attaché au mur solide qui était derrière, et il n'y avait pas de fils de fer ni d'autres combinaisons qui eussent pu échapper à l'oeil exercé d'un inspecteur de police comme moi, qui surveillais de près.

R. Casava Pillai [33]."

Un ingénieur du gouvernement écrit :

"Je suis allé au quartier général de la Société théosophique, à Adyar, le 5 juillet 1883. J'ai examiné les panneaux du fond, du dessus, du dessous et des côtés du tabernacle, ainsi que les murs

---

33   *Id.*, p. 97.

du voisinage, avec le plus grand soin et la plus grande minutie, et je n'ai trouvé aucun motif de soupçonner une fraude.

C. SAMBIAH CHETTY [34"]

Le témoignage du directeur du *Philosophical Enquirer*, M. P. Ruthnavelu, est de grande valeur, parce qu'il a examiné le tabernacle et ses environs *avant* et *après* l'attaque des missionnaires. Il écrit :

"Je fus témoin d'un phénomène (le 1er avril 1883) dont j'ai publié le récit complet dans le *Philosophical Enquirer* du 8 avril 1883, Je montai voir le tabernacle avec deux de mes amis, des sceptiques, et les portes en furent ouvertes pour que je pusse l'inspecter minutieusement. J'examinai tout soigneusement, en touchant les diverses parties avec ma main. Il n'y avait pas d'ouverture ni de trou de ce côté-ci du placard mobile. Je fus alors mené dans la chambre voisine pour voir l'autre côté du mur auquel le tabernacle est attaché. Contre ce mur était dressée une grande *almirah* [35],

---

34   *Report of the result*, etc., p. 90.
35   En français, garde-robe ou grande armoire.

mais elle fut écartée à ma requête, pour me permettre de voir le mur de ce côté. Je tapai dessus et l'examinai de toutes façons pour voir s'il n'y avait pas de tromperie, et pus m'assurer complètement qu'aucune duperie n'était possible.

Le 14 septembre 1884, après avoir lu l'article des missionnaires, je retournai voir la chambre à 8 heures du matin; je fus reçu par M. Judge, le docteur Hartmann et M. Damodar, qui me menèrent en haut. De l'autre côté du mur, à l'endroit correspondant à la partie postérieure du tabernacle, je vis un ingénieux appareil d'ébénisterie, auquel était adaptée une porte à coulisse, qui, une fois ouverte, laissait voir une petite ouverture dans le mur. En dedans de celui-ci il y avait un espace creux, assez grand pour qu'un maigre garçonnet pût s'y tenir, s'il lui eût été possible de s'y glisser par l'ouverture, et de retenir sa respiration pendant quelques secondes. J'essayai en vain de me glisser par l'ouverture, et ensuite j'allongeai le bras avec difficulté dans le petit creux, pour en sonder la structure intérieure. *Il n'y avait pas de communication avec le fond du tabernacle.* Je pus voir que l'appareil n'avait pas été terminé, et que

panneaux glissants et tout le reste offrait le caractère d'un travail récent et inachevé [36]."

M. le professeur J.-N. Unwalla, gentleman parsis
de haute éducation et de haut rang, porte ce témoignage:

> "En mai 1883, étant l'hôte du quartier géné-
> ral, j'ai eu plusieurs occasions de me trouver dans
> la chambre occulte et de l'examiner ainsi que le
> tabernacle; une fois, d'après le désir de Mme
> Blavatsky, j'ai examiné très soigneusement le ta-
> bernacle, avant et après un phénomène que j'y
> vis s'y produire. Je puis dire avec assurance, sans
> équivoque ni réserves, que ni dans la chambre
> occulte ni nulle part dans l'étendue du quartier
> général, je n'ai jamais pu trouver ni appareils, ni
> combinaisons d'aucune espèce pouvant donner
> idée de fraude ou de trucs [37]."

Je pourrais continuer ces citations, mais il me semble que ce n'est guère la peine, tant elles sont déjà
concluantes. Cependant ces faits ont leur importance,

---

36   *Report of the result*, etc., pp. 97, 98.
37   *Id.*, pp, 102,103.

car la première partie du complot Coulomb et du rapport de M. Hodgson sont centralisés dans le tabernacle et autour.

Parmi les nombreux phénomènes qui s'y rattachent, quelques-uns peuvent être relatés à cette place, bien qu'on doive remarquer que le tabernacle n'a existé, que peu de temps et n'a joué aucun rôle dans la grande majorité des phénomènes dépendant de Mme Blavatsky. En voici un dont le général Morgan a écrit le récit. Il eut lieu en août 1883. Mme Blavatsky, alors à Ootacamund, l'avait prié de regarder le portrait dans le tabernacle, car il était d'un travail très particulier. Mme Coulomb le conduisit en haut, et ils entrèrent dans la chambre occulte.

"En entrant dans la chambre, elle s'approcha à la hâte du tabernacle ou corps de buffet, et en ouvrit vivement la double porte. À ce moment, une soucoupe de porcelaine, apparemment appuyée contre la porte, tomba sur le parquet de *chunam*, et se brisa. Là-dessus elle témoigna une grande consternation, s'écriant que c'était un objet auquel Madame tenait beaucoup, et qu'elle ne savait comment faire. Elle et son mari, qui était venu avec nous, ramassèrent les morceaux. Alors elle les lia dans un linge et les remit dans le tabernacle, dans le bassin d'argent, *et non derrière*. Les portes furent refermées ; Damodar se plaça sur une chaise juste en face du tabernacle, et à quelques pieds seulement de distance. Il était assis, regardant attentivement le tabernacle, et dans l'attitude de quelqu'un qui écoute. J'ignorais alors, ce que je sais maintenant, que le courant électrique astral cause un son exactement comme celui du télégraphe ordinaire, que l'on pouvait entendre distinctement dans le tabernacle. Ne le sachant pas, je renouai la conversation avec les Coulomb au sujet de l'accident. Je conseillai au mari de chercher du mastic ou de la colle et d'essayer de remettre les morceaux ensemble : il s'élança pour en chercher, disant qu'il en avait clans son bungalow, situé à une centaine de mètres de la maison ; et moi, me tournant vers sa femme, je remarquai : "Si la chose en vaut la peine, les Mahatmas pourraient la réparer. Sinon, tirez-vous-en le mieux possible." À peine avais-je prononcé ces mots que Damodar dit : "Il y a un message", et il ouvrit immédiatement la porte du tabernacle, prit le bassin d'argent (où l'on trouve généralement les lettres), et effectivement il y avait une lettre qu'on ouvrit et qui contenait les lignes suivantes :

"Aux quelques personnes présentes comme témoins. Voici une occasion pour Mme Coulomb de s'assurer que le diable n'est ni aussi noir ni aussi méchant qu'on le représente en général. La maladresse est facilement réparée.

K.H."

Nous ouvrîmes alors le linge contenant la soucoupe brisée, et la trouvâmes entière et intacte ! Trois minutes ne s'étaient pas écoulées depuis que j'avais suggéré que l'on pourrait se procurer de la colle, et peu après, Coulomb revint avec la colle à la main. S'il avait pu faire tout le tour des chambres du haut, passer derrière le tabernacle, enlever la soucoupe brisée, attacher le paquet, après avoir mis une soucoupe intacte à la place, et écrire le mot concernant la réparation de la soucoupe (sans avoir entendu ma remarque à ce sujet), alors, je le déclare, son exploit aurait égalé celui des Maîtres. Quand je parlai à cette femme de la manière extraordinaire dont la soucoupe avait été réparée, elle répondit : "Ce doit être l'œuvre du diable". Et, de fait, elle écrivit à Mme Blavatsky, le 13 août 1883 : "Je crois vraiment que je deviendrai folle si je reste avec vous". Elle donne ensuite le récit de ce qui est arrivé, et conclut: "Je dis que vous avez des intelligences avec le malin [38]."

Un autre cas fut celui du juge Srînivâsa Rao; il le raconte comme il suit:

"Le 4 mars 1884 (Mme Blavatsky et le colonel Olcott étaient à ce moment sur l'Océan, ayant quitté Bombay le 20 février pour Marseille), je me sentis, par suite de chagrins domestiques, très malheureux toute la journée". Il alla à Adyar et, rencontrant Damodar, lui fit part de son désir de voir le tabernacle. "Il me conduisit aussitôt à la chambre occulte d'en haut et ouvrit le tabernacle. Nous étions restés à peine cinq secondes à regarder le portrait de Mahatma K.H. qui y est placé, quand il me dit qu'il avait ordre de fermer le tabernacle, ce qu'il fit immédiatement. J'étais extrêmement désappointé. Mais au bout d'un instant, M. Damodar rouvrit le tabernacle. Mes yeux tombèrent immédiatement sur une lettre avec une enveloppe tibétaine, posée sur la coupe dans le tabernacle, qui était parfaitement vide auparavant.

---

38   *Reply to a Report of an Examination by J. D. B. Gribble*, par H. R. MORGAN, major-général, pp. 14, 17.

Je pris cette lettre, et voyant qu'elle m'était adressée par le Mahatma K.H., je l'ouvris et la lus [39]."

Le juge Sir S. Subramania Aiyer témoigne d'un autre phénomène produit à l'intention de ce même M. Srînivâsa Rao :

"Le 28 décembre 1883, dit-il, j'allai au tabernacle à 10 h. 30 du matin. Sept personnes étaient présentes. Les fenêtres étaient ouvertes, et c'était en pleine lumière du jour. Mme Blavatsky donna la clef du tabernacle à M. P. Srînivâsa Rao, juge des petites causes à Madras, et se tint à distance parmi nous. M. Srînivâsa Rao ouvrit le tabernacle, sortit le bol d'argent et le montra à tous les assistants. Il n'y avait rien dedans. Il le mit dans le tabernacle, qu'il ferma et dont il garda la clef. Environ cinq minutes après, Mme Blavatsky lui dit d'ouvrir le tabernacle, ce qu'il fit. Il en sortit le même bol d'argent, et dedans se trouvait une enveloppe bien gommée, adressée à M. Srînivâsa Rao. Je le vis ouvrir l'enveloppe et en tirer une lettre de l'écriture du Mahatma K.H., ainsi que des billets en cours pour 500 roupies [40]."

---

39   *Report of the result*, etc., p. 59.
40   *Id.*, pp. 63, 64.

Le juge T. Râmachandra Rao et M. R. Ranga Rao
sont entrés dans la chambre occulte :

"Nous avons tout examiné avec le plus grand
soin, et le tabernacle était fermé à clef. Nous
n'avons cependant pas bougé de place, et, au bout
d'une demi-minute, Mme Blavatsky nous a dit
de l'ouvrir. Nous l'avons fait nous-même, et nous
avons trouvé tout le placard, — où il n'y avait
rien quand nous y avions regardé une demi-minute auparavant, — rempli de fleurs et de feuilles
fraîches. Chacun de nous en a pris une certaine
quantité, et nous avons découvert qu'il y avait entre autres des feuilles d'espèce particulière, qu'on
ne pourrait trouver, que nous sachions, en aucune partie de la province de Madras. Nous avons
examiné soigneusement toute la chambre et ses
environs et n'avons rien trouvé qui établisse ou
justifie le moindre soupçon de tromperie."

T. Ramachandra Rao.

"Le phénomène décrit ci-dessus a eu lieu en
ma présence."

R. Ranga Rao [41].

---

41   *Report of the result*, pp, 68, 69.

Mme Coulomb, en conséquence de sa nature jalouse et intrigante, avait été la source de beaucoup d'ennuis au quartier général, et n'était pas du tout aimée du personnel. Le docteur Hartmann, qui arriva à Adyar le 4 décembre 1883, donne d'elle une description vivante : "Imaginez-vous une bizarre créature, l'air d'une sorcière, avec un visage ridé, un regard aigu et une contenance inquiétante. Son office était de prendre des airs protecteurs envers les serviteurs, de soigner comme une mère un vieux cheval décrépit et plusieurs chiens galeux incapables de marcher. Elle semblait considérer comme sa mission spéciale dans la vie de fourrer le nez dans les affaires particulières de chacun, de ramasser les lettres égarées par-ci par-là et qui ne lui étaient pas adressées, sans doute dans le but d'étudier leur écriture ; elle essayait de s'insinuer dans la confidence des nouveaux venus, et avait un procédé pour découvrir leurs secrets en prétendant leur dire la bonne aventure au moyen d'un jeu de cartes, tandis qu'en même temps elle essayait d'éveiller les sympathies des étrangers en leur racontant comment d'une vie de luxe, elle avait sombré dans une situation servile ; trouvait-elle une oreille complaisante, elle n'hésitait pas un moment à insinuer que toute la société était une blague, que les phénomènes étaient produits par fraude, et "qu'elle pourrait dire bien des choses si elle

voulait". Complaisamment et confidentiellement, elle
informait l'aspirant aux honneurs théosophiques que
le colonel Olcott était un sot, mené par le bout du nez
par Mme Blavatsky. Si on lui demandait de s'expliquer,
elle disait : "Ma bouche est fermée, je ne peux pas parler
contre des gens dont je mange le pain"; et quand on
lui objectait que des phénomènes occultes avaient lieu
lorsque Mme Blavatsky était à un millier de milles, elle
répondait qu'elle "savait ce qu'elle savait [42]."

On pourrait peut-être rappeler, comme une sorte
d'excuse pour Mme Coulomb, que c'était une chrétienne superstitieuse, et qu'elle était réellement alarmée
par les choses qui se passaient autour d'elle; comme
nous l'avons vu, elle croyait que les phénomènes "venaient du diable". D'autre part, c'était un paradis pour
elle que de vivre à l'aise à Adyar, après tous ses revers,
et elle ne pouvait pas trouver le courage de quitter son
refuge. Peut-être sa trahison envers ses bienfaiteurs
fut-elle au moins en partie le résultat d'une conscience
obscurcie et déformée. La tentation de rester était trop
forte. Le docteur Hartmann continue :

"Elle était arrivée au quartier général sans le
sou, et Mme Blavatsky l'avait recueillie dans la

---

42   *Report of observations*, etc., p. 25.

maison par pure charité, et on lui avait donné
pleine autorité sur tout, y compris la bourse; et
quand elle quitta le quartier central elle étalait un
gros rouleau de billets de banque. (Les dépenses
domestiques du quartier central, après le départ
des Coulomb, ont été chaque mois de 230 à 270
roupies inférieures aux dépenses mensuelles pendant leur séjour)."

En outre, il y avait beaucoup de visiteurs généreux,
et on pouvait obtenir des "emprunts"; c'est un emprunt
manqué qui amena la catastrophe. Le prince Harisinghji,
de Kathiamâr, cousin du Maharaja de Bhavnagar; était
à la convention de décembre 1883, et Mme Coulomb
l'aborda pour lui demander un prêt de 2.000 roupies.
Le prince esquiva la requête, en disant qu'il l'aiderait
peut-être quelque jour, et retourna chez lui.
    Le 7 février 1884 Mme Blavatsky quitta Adyar, et
comme elle se proposait de faire une visite au prince
Harisinghji avant d'aller à Bombay en route pour l'Europe, Mme Coulomb demanda et obtint la permission
d'aller avec elle. Arrivée à la maison du prince, Mme
Coulomb renouvela son attaque contre sa bourse, en faisant valoir qu'il lui avait promis de l'aider, et le prince finit
par se plaindre à Mme Blavatsky, qui étouffa net l'opération. Le docteur Hartmann, qui était présent, remarque:

"Sa fureur ne connut pas de bornes, et ses accès passionnés de colère et de jalousie ne furent nullement adoucis par les reproches que lui fit Mme Blavatsky à propos de son injuste tentative d'escroquerie... Quelques larmes versées par Mme Coulomb, avec le secours d'un mouchoir, remirent les choses en place, et nous continuâmes vers Bombay, où nous rencontrâmes le colonel Olcott et M. Saint-Georges Lane-Fox, l'électricien bien connu, pendant que Mme Coulomb allait visiter un évêque et d'autres *clergymans* dont les noms me sont inconnus [43]."

Le docteur Hartmann raconte avec causticité l'embarquement du colonel Olcott et de Mme Blavatsky, le 21 février :

"Encore un sanglot, encore un embrassement, et Mme Coulomb, les yeux rouges et à pas chancelants, sortit de la cabine. Descendue dans son bateau, elle fit avec son mouchoir un dernier adieu à Baboula, le serviteur de Mme Blavatsky et lui dit : "Je me vengerai de votre maîtresse pour

---

43   *Report of observations*, etc., p. 31.

m'avoir empêché d'avoir mes 2.000 roupies [44]."
Le dit Baboula déclara plus tard : "Au moment où
Mme Coulomb quittait le steameur après avoir
dit adieu à Mme Blavatsky, elle, Mme Coulomb,
a dit qu'elle se vengerait de ma maîtresse pour
avoir empêché Harisinghji de lui donner à elle,
Mme Coulomb, 2.000 roupies… Une autre fois,
dans la maison du docteur Dudley, à Bombay, elle
a dit qu'elle haïssait Mme Blavatsky [45]."

Le major général H.-R. Morgan écrit ce qui suit à
propos des Coulomb :

"Ils furent reçus par Mme Blavatsky, à
Bombay, dans un état de pénurie ; elle les reçut
en amie, parce qu'ils lui avaient rendu service en
Égypte. La femme Coulomb devint une sorte
d'intendante de confiance, et comme le remarque justement M. Gribble, elle fut cause que M.
Wimbridge et miss Bates quittèrent la société à
Bombay. Nous voyons par là qu'elle commença
de bonne heure sa néfaste intervention.

---

44   *Report of observations*, etc., p. 32.
45   *Report of the result*, etc., pp. 133 134.

Ce qui suit prouve que la méchanceté est son trait caractéristique. Quand elle était à Bombay, elle essaya de vendre ce qu'elle savait sur la société au *Guardian*, un journal de Bombay ; elle ne savait pas grand' chose alors ; la correspondance vendue depuis au *Christian College Magazine* n'existait pas, ni les faux phénomènes qu'elle allègue maintenant ; il est évident que, dès l'année 1879, elle tenait toutes prêtes des lettres fabriquées et des phénomènes. C'est précisément à cette époque que sa nature machiavélique la poussa à préparer la chute de sa bienfaitrice, car elle affirma à plus d'un théosophe qu'elle n'avait jamais jeté un morceau de l'écriture de Mme Blavatsky et qu'elle avait eu la chance de trouver des lettres compromettantes apportées à ses pieds par le vent !

Pourquoi aurait-elle tant tenu à ces bouts de papiers si elle avait en sa possession la correspondance volumineuse dont elle a maintenant disposé avec tant de profit ? Quand on réfléchit aux manières d'agir de cette femme, d'écouter aux portes, de détourner des lettres, de haïr les membres composant la société, de jurer qu'elle se vengerait, d'espionner incessamment Mme Blavatsky et ceux avec qui elle causait, il n'est pas difficile de comprendre pourquoi et comment elle a élaboré ces lettres. Sa méchanceté allait à tel point qu'elle entretenait une troupe de chiens malades et galeux dans le but d'ennuyer les Brahmanes de haute caste et de les faire partir. Son objet était d'avoir seule possession de la bourse, et accès à la bourse des autres, et quand ses petits plans furent dérangés par Mme Blavatsky, elle se mit à la haïr en conséquence.

On pourrait se demander comment aucun membre de la société n'a pu la tolérer, sachant tout cela. La réponse est que c'est une spirite du caractère le plus marqué, qu'elle s'adonne à la pratique de la magie noire, et qu'on la croit obsédée. Aussi la tolérait-on comme une personne à peine responsable de ses actes. Ajoutez à cela cette habitude de confier sa haine de la société et de ses objets sous le sceau du secret, qui fermait la bouche de beaucoup de gens qui autrement l'auraient dénoncée et auraient demandé son expulsion. En outre, l'excellent cœur du colonel Olcott et de Mme Blavatsky les faisait passer sur beaucoup de ses défauts ; ils la supportaient en partie pour ses services comme intendante, et en partie par charité. Ce fut seulement quand la crise se dénoua par l'expulsion des Coulomb que les membres commencèrent à comparer leurs observations, et que la ruse excessive et l'iniquité de cette femme devinrent évidentes à tous [46]."

Telle était la femme à qui Mme Blavatsky, avec son insouciance caractéristique, sure de sa propre honnêteté et toujours trop confiante dans l'honnêteté des autres, laissa la garde de ses appartements à Adyar; toutefois elle avait été suffisamment ennuyée par l'incident Harisinghji pour demander au docteur Hartmann de se débarrasser des Coulomb avant son retour.

La vengeance annoncée était prête maintenant; tout en écrivant à Mme Blavatsky des plaintes contre tous les personnages du quartier central, Mme Coulomb parlait à chacun de ceux-ci contre Mme Blavatsky, et laissait tomber des allusions à des révélations prochaines. Adressant à Mme Blavatsky le compte rendu de tout ce qui amena le renvoi des Coulomb du quartier général, Damodar, le plus fidèle des collaborateurs indiens, écrivait le 14 juin 1884 que durant ce temps elle laissait entendre, sans le dire ouvertement, "que tous les phénomènes sont de la fraude, et que vous êtes un imposteur"; elle laissait tomber des allusions au sujet de passages secrets, de trappes, etc.; elle n'employait pas ces mots, mais les laissait deviner. "Elle n'essayait

---

46   *Reply to a report*, etc., pp. 3, 5.

que de semer des ferments de désunion entre nous…
elle s'efforça d'exciter l'un contre l'autre des membres
du Conseil, mais en définitive échoua honteusement."
Les Coulomb ne voulaient permettre à personne
du quartier général d'entrer dans la chambre de Mme
Blavatsky, — qui auparavant avait toujours librement
servi à l'état-major pendant ses fréquentes absences,
— et pour expliquer le transport dans cette chambre
d'outils de charpentier, elle déclara que le toit suintait
et que M. Coulomb le réparait.

Dégoûté des ennuis qu'ils causaient, le conseil de
surveillance résolut de se débarrasser d'eux ; d'après le
docteur Hartmann :

"Des attestations envoyées par plusieurs
membres montrèrent que les Coulomb s'étaient
très mal conduits, qu'ils répandaient des menson-
ges sur la société, des calomnies sur ses personnages officiels, qu'ils gaspillaient les fonds de la
société, etc… Nous résolûmes donc de les disqua-
lifier de façon formelle [47]."

Mais pendant qu'ils tenaient une séance dans ce
but, la forme astrale d'un *Chélâ* apparut, et donna à

---

47   *Report of observations*, etc., p. 33.

Damodar une note du Maître K.H. adressée au docteur
Hartmann, les priant d'accomplir des réformes, mais
d'avoir pitié de Mme Coulomb. Ils obéirent et laissè-
rent tomber les accusations, et le docteur Hartmann fait
remarquer en note qu'ils eurent raison d'agir ainsi, car
l'œuvre du colonel Olcott en Europe aurait été sérieusement compromise si une crise avait eu lieu à Adyar
en ce moment [48]. Pendant quelque temps tout alla bien ;
une lettre de T. V. Charlu à Mme Blavatsky, datée du 12
mars 1884, annonce que le travail marche à souhait ; le
docteur Hartmann avait été élu président du conseil de
surveillance ; M. Lane-Fox devait donner deux confé-
rences dans la salle de Patchyappa, et plusieurs des travailleurs devaient aller à Ootocamund en avril, y compris Mme Coulomb. Il raconte deux phénomènes, deux
lettres reçues respectivement par le prince Harisinghji
et le juge Srînivâsa Rao. S. A., le Thakur Saheb de
Wadhwân et le prince Harisinghji avaient rendu visite
au quartier général ; ce dernier avait mis une lettre dans
le tabernacle, et a raconté plus tard ce qui s'était passé :

> "J'ai été très souvent au quartier général pen-
> dant mon séjour à Madras avec mon ami, S. A.
> le Thakur Saheb de Wadhwân ; nous étions dans

---

48   *Report of observations.*

cette ville, en mars dernier, pour la célébration de
son mariage avec la fille de l'honorable Gajapati
Rao. Un jour je demandai à M. D. M. Mavalankar
(Damodar) de mettre pour moi dans le tabernacle une lettre que j'avais écrite à mon Maître vénéré K.H. Elle était dans une enveloppe fermée,
et traitait d'affaires personnelles qu'il est inutile
d'exposer au public. M. Damodar me permit de
mettre la lettre dans le tabernacle. Le lendemain,
je me rendis de nouveau au tabernacle en compagnie de ma femme. En ouvrant le tabernacle, je
trouvai ma lettre non décachetée, mais avec mon
adresse au crayon bleu, tandis que la suscription
primitive. "À mon Maître vénéré" avait été barrée
d'un trait de crayon. Ceci se passait en présence de M. Mavalankar, du docteur Hartmann, et
d'autres personnes. L'enveloppe était intacte ; je
l'ouvris, et sur les parties de ma lettre qui n'avaient
pas été employées il y avait une réponse de mon
Maître K.H. dans son écriture qui m'est maintenant familière. Je voudrais bien savoir comment
d'autres personnes expliqueront ceci, alors que les
deux fondateurs étaient à des milles de distance,

— Harisinghji Rupsinghji [49]."

---

[49]   *Report of observations*, etc., p. 57, note.

Quelques jours après, le juge Srînivâsa Rao vint, et demanda la permission de s'asseoir quelques moments devant le tabernacle. Damodar le conduisit en haut et le mena devant le tabernacle. Il n'y avait rien dedans que son contenu ordinaire. Il reçut immédiatement de son *Gourou* l'ordre de le fermer, puis de le rouvrir. Une lettre s'y trouvait, adressée au juge [50].

Mais ce calme était trompeur. Le colonel Olcott reçut à Londres une enveloppe, timbrée de Madras, contenant une lettre adressée à Mme Coulomb, en date du 28 avril 1884, par le docteur Hartmann. Le signataire y exprimait son manque de foi en Mme Blavatsky, et prétendait que M. Lane-Fox avait "reçu des instructions secrètes des membres de Londres" pour découvrir sa duperie. La lettre était mal tournée et mal orthographiée, et le colonel écrivit au docteur Hartmann, en date du 20 juillet 1884 :

> "La connaissance personnelle que j'ai de vous se dresse contre cette lettre de coquin."

Il disait encore qu'il l'avait mise de côté dans sa boite à dépêches, mais que ce matin-là, en cherchant

---

50   Lettre de T.-V. Charlu. Le rapport du juge Srînivâsa Rao a été donné ci-dessus.

dans ses papiers, il avait remarqué que le Maître l'avait annotée, et qu'il lui dit ensuite de l'envoyer au docteur Hartmann. Celui-ci observe que la lettre est "une imitation assez réussie de ma propre écriture". Le Maître M. avait écrit dessus :

"Faux grossier, mais suffisant pour montrer ce qu'un ennemi entreprenant peut faire dans ce sens. C'est ce qu'on peut appeler à Adyar un pionnier [51]".

Et c'était bien un pionnier d'avant-garde de cette moisson de lettres fausses qui furent publiées quelques mois après dans le *Christian College Magazine*, écrites de la même main.

Cependant des avertissements étaient donnés à Adyar. "Vers l'époque où la fausse lettre fut écrite, je reçus une lettre d'un ami d'Europe, et à l'intérieur des feuillets je trouvai ces mots écrits de la main du Maître :

"L'affaire est sérieuse. Je vous enverrai une lettre par Damodar ; étudiez-la soigneusement, etc…"

---

51   *The latest attack on the Theosophical Society*, brochure publiée par le Conseil de la *London Lodge*, pp. 17,18.

Quelques jours après, une lettre, qui m'était adressée, tomba dans la chambre de Damodar à Ootocamund (le docteur Hartmann était à Adyar); il en prit connaissance et me l'envoya, après l'avoir montrée à M. Lane-Fox. Elle était indubitablement de l'écriture du Maître; j'en cite un passage:

"26 avril 1884. Depuis quelque temps déjà cette femme a entamé des communications, de véritables pourparlers diplomatiques avec les ennemis de la cause, certains *padris*. Elle espère en recevoir plus de 2.000 roupies, si elle l'aide à ruiner la société, ou du moins à lui faire du mal, en attaquant la réputation des fondateurs. De là ses allusions à des *trappes* et à des *trucs*. En outre, *quand il le faudra, on trouvera des trappes,* car il y a quelque temps qu'elles sont en préparation. Ils sont les seuls maîtres de l'étage d'en haut. Ils ont le libre accès et la pleine surveillance des locaux. Monsieur est rusé et adroit à tous les travaux manuels, bon artisan et charpentier, et bon aussi pour les murs. *Prenez note de ceci, vous théosophes.* Ils vous haïssent avec la haine de l'échec contre le succès, la société, Henri, H. P. B., les théosophes, et jusqu'au nom même de la théosophie. Les — sont prêts à dépenser une bonne somme pour la ruine de la société qu'ils détestent… En outre les j… de l'Inde sont en intelligence directe avec ceux de Londres et de Paris… Tenez tout ce que je viens de vous dire dans la plus stricte confidence, si vous voulez être les plus forts. Ne lui laissez pas soupçonner que vous le savez, mais si vous voulez mon avis soyez prudents. Cependant agissez sans délai.

M. [52]"

Mme Coulomb était à Ootocamund. M. Coulomb était à Adyar, discutant une offre que lui avait faite le docteur Hartmann d'aller en Amérique; alors arriva une lettre du colonel Olcott, datée de Paris, 2 avril 1884, où il reprochait à Mme Coulomb de parler contre la société et de comploter du mal. Mme Coulomb, Damodar et M. Lane-Fox revinrent d'Ootocamund; une requête du docteur Hartmann aux Coulomb — il espérait encore s'en débarrasser tranquillement, — les priant de quitter Adyar, fut reçue par un refus formel; Mme Blavatsky écrivit qu'elle ne reviendrait pas à Adyar si les Coulomb n'étaient pas congédiés, et le Conseil général fut invité à se réunir le 14 mai 1884.

---

52   *Report of observations*, etc., pp. 35, 36.

La réunion eut lieu et des attestations y furent présentées accusant Mme Coulomb d'avoir déclaré : que le but de la société était de renverser la domination britannique dans l'Inde ; que ses objets étaient contraires à la vraie religion ; que les phénomènes étaient des fraudes et l'œuvre du diable ; l'accusant d'avoir essayé d'extorquer de l'argent à des membres ; d'avoir gaspillé les fonds de la société ; de s'être rendue coupable de mensonge et de médisance ; d'avoir grossièrement calomnié H. P. B. ; déclarant que sa présence au quartier général était néfaste à la société ; montrant qu'elle avait envoyé une lettre de chantage à H. P. B. ; M. Coulomb était accusé d'avoir aidé et encouragé sa femme, et d'avoir désobéi aux ordres du comité de surveillance.

Les trois premières accusations furent seules jugées, et Mme Coulomb ne voulut ni avouer ni nier ; les témoignages étant écrasants, elle fut expulsée de la société. M. Coulomb, à qui on demanda sa démission, ayant refusé, fut expulsé aussi, et tous deux furent priés de s'en aller. Après quelques autres difficultés, M. Coulomb rendit les clefs des chambres du haut, et le docteur Hartmann, M. T. Subba Rao, le juge Srînivâsa Rao, M. Brown, M. Damodar K. Mavalankar et quelques autres personnes entrèrent dans l'appartement de Mme Blavatsky, d'où les Coulomb avaient exclu tout le monde excepté eux-mêmes. On vit alors le travail

auquel M. Coulomb s'était livré. Le général et Mme
Morgan avaient vu le mur intact, et Mme Morgan
l'avait fait tapisser sous ses yeux en décembre 1883,
comme nous l'avons déjà dit. Maintenant, du côté
de la chambre à coucher de Mme Blavatsky, on avait
percé, à l'endroit où était jadis la porte, un trou qui
était là béant avec du plâtre en débris et des bouts de
lattes brisées; le mur, comme nous l'avons dit, avait
été bâti légèrement de deux cloisons de lattes et de
plâtre, - comme il n'y avait pas de support à l'étage
inférieur, — ces deux cloisons séparées par un espace
de douze pouces, rempli en partie de bouts de lattes en
saillie; la cloison du côté de la chambre occulte était
encore intacte, mais il est évident que l'ouverture devait être répétée dans la seconde cloison, et probablement le fond du tabernacle aurait été rendu mobile, de
façon à pouvoir en ôter ou y mettre des objets. Mais en
conséquence de l'avertissement du Maître, le docteur
Hartmann avait "agi sans délai", et avait arrêté l'œuvre
néfaste avant qu'elle fût achevée.

Le trou dans la cloison de la chambre de Mme
Blavatsky mesurait 14 pouces de large sur 27 de
haut [53], et était "assez grand" selon l'expression ironi-
que du docteur Hartmann, "pour qu'un petit garçon

---

53   0 m. 35 x 0 m. 68.

(qui n'aurait pas eu peur d'être étouffé), pût s'y glisser".
Une lourde garde-robe cachait ce trou, et un panneau
mobile avait été pratiqué dans le fond de cette armoire ;
ce panneau était neuf et très difficile à faire remuer, ne
cédant qu'à grand bruit aux coups d'un maillet. Trois
autres panneaux, tous également neufs et durs, avaient
été pratiqués dans d'autres endroits de la chambre ;
leur but n'était pas clair, et ne l'est pas encore.

"M. Coulomb avoua qu'il avait fait tous ces
trucs, ces trous et ces trappes de sa propre main,
mais s'excusa en disant qu'ils avaient été faits sur
l'ordre d'H. P. Blavatsky, Il nia avoir aucune intelligence secrète avec les missionnaires dans le
but de faire du mal à la société. Puis il rendit les
clefs à M. Damodar K. Mavalankar, qui prit possession des chambres : on décida de laisser tous
les trous et panneaux mobiles en l'état jusqu'à
nouvelle décision. Il est évident qu'avec un peu
de travail ces trappes auraient pu être, achevées
et paraître alors très suspectes, et nous avons des
raisons de croire que l'intention de M. Coulomb
était de les terminer avant le retour d'Europe de
Mme Blavatsky [54]."

54   *Report of observations*, etc., pp. 35, 36.

Dans la lettre de Damodar à Mme Blavatsky (juin 1884) citée plus haut, il raconte ces évènements, et dit :

"Nous avons fait exprès de laisser le trou et les panneaux mobiles sans y toucher. Ils portent en eux-mêmes la marque de votre innocence. Le passage derrière le tabernacle est si petit qu'un homme mourrait suffoqué s'il y restait seulement deux minutes. En outre, il ne communique pas avec le tabernacle. Les panneaux mobiles sont si neufs qu'on ne peut les faire agir qu'avec force et difficilement, et font en outre un bruit terrible : ce qui prouve qu'on n'avait jamais pu s'en servir auparavant."

Les Coulomb quittèrent Adyar le 25 mai 1884, la première partie du complot ayant échoué par sa découverte prématurée. Il devait cependant être revivifié dans l'avenir par l'agent de la société des Recherches psychiques, et grâce à sa façon mensongère de présenter les faits, peu de gens savent, bien que tout le monde le sût à ce moment, qu'aucun de ces arrangements n'existait pendant que Mme Blavatsky était à Adyar ni pendant que les phénomènes avaient lieu, et que toute trace en avait été enlevée avant son retour. Ils étaient neufs en mai 1884, et encore incomplets, *le fond de bois du tabernacle et le mur sur lequel il était pendu étaient encore intacts, de sorte qu'il n'y avait pas de communication entre la chambre de Mme Blavatsky et la chambre occulte.* Tout fut montré aux nombreux visiteurs du quartier général pendant l'été de 1884, le mur et les panneaux ayant été laissés un certain temps tels qu'on les avait trouvés.

M. Judge, qui vint à Adyar le 26 mai, décrit ainsi l'ouverture :

> "C'était un trou grossier et inachevé dans le mur, ouvrant sur l'espace qui était resté quand on avait fait cloisonner l'ancienne porte... Ce trou partait du plancher et s'étendait à une hauteur d'environ 22 pouces. Sur tous ses bords dépassaient des morceaux de lattes, les uns longs de trois pouces, les autres de cinq, de sorte que l'ouverture était encore diminuée... le plâtre avait été cassé récemment, les bouts de lattes présentaient l'aspect du bois qu'on vient de briser, et la tapisserie avait été déchirée depuis peu."

Ces faits furent vus et signés par plus de trente personnes envoyées comme témoins par M. Judge. Celui-ci nous dit encore qu'à sa requête, M. Damodar essaya de s'introduire par le trou dans le retrait, mais ne put y réussir; M. Judge lui-même essaya et échoua, ainsi qu'un "coolie maigre"; enfin un petit garçon d'environ dix ans s'y pelotonna, mais trouva qu'il ne pouvait s'y tenir debout, parce qu'il y avait de gros morceaux de mortier dur en saillie sur les côtés. M. Judge envoya alors chercher un homme qui "en ma présence briqueta l'ouverture, la replâtra, et retapissa tout l'espace". Et ceci fut fait, qu'on s'en souvienne, dans l'automne de 1884, avant le retour de Mme Blavatsky.

ACCUSATIONS MENSONGÈRES

FAUSSES LETTRES

En vain Mme Coulomb essaya de faire du mal à l'extérieur. Elle alla accuser la société près du percepteur du district, — et l'accusation que la société, était l'adversaire de la domination britannique était réellement dangereuse, — mais celui-ci déclara à M. Lane-Fox que cette femme proférait des absurdités si incohérentes qu'il ne croyait pas un mot de ce qu'elle disait; elle était timbrée; et il refusa de la recevoir quand elle se présenta de nouveau. Un juge "des petites causes" (juge de paix) remarqua que cette femme devait être lunatique pour croire que quelqu'un pouvait être trompé par ses machinations. Les missionnaires ne réussirent à en tirer aucun profit sérieux. "Pas un homme respectable ne la croit", écrit Damodar, "au contraire on sympathise d'autant plus avec vous et la société." La tentative échoua si définitivement, que Mme Coulomb elle-même la désavoua et écrivit à Mme Blavatsky:

"J'ai pu dire différentes choses dans ma colère,
mais je jure sur tout ce que j'ai de plus sacré que je
n'ai jamais parlé de fraude, de passages secrets, de
trappes, ni dit que mon mari vous avait aidée en
quoi que ce soit. Si ma bouche a proféré ces mots,
je prie le Tout-Puissant de verser sur ma tête les
pires malédictions de la nature."

Déçus pour le moment, les Coulomb n'étaient pas
découragés, et leur seconde tentative devait avoir plus
de succès que la première. L'écriture de M. Coulomb
ressemblait curieusement à celle de Mme Blavatsky,
nous dit le major-général Morgan [55], et la fausse lettre
envoyée à Londres et baptisée par le Maître du nom
significatif de *pionnier*, indiquait la ligne de l'attaque
préparée.

À Londres, la société des Recherches psychiques
semblait sérieusement impressionnée par ce qu'elle avait vu et entendu à propos de Mme Blavatsky :
M. F. W. Myers lui-même avait vu certains phénomènes dont il déclarait avec enthousiasme ne pouvoir douter : cette société chargea un comité de réunir, "sur les prétendus phénomènes se rattachant à la
Société théosophique, les preuves qui pourraient être

---

55   *Reply to a Report*, etc., p. XVI.

fournies par les membres de ce corps actuellement en Angleterre , ou recueillies ailleurs", et ce comité envoya ensuite dans l'Inde un de ses membres, M. Hodgson, pour examiner l'affaire sur place. Cependant les Coulomb avaient été actifs : cherchant un moyen d'améliorer leur situation financière, et furieux contre la société, ils s'adressèrent aux missionnaires, — Mme Coulomb dans le rôle d'une chrétienne repentante, — qui avaient mené une croisade vigoureuse mais sans succès contre la théosophie. Une vingtaine de lettres furent offertes aux missionnaires, soi-disant écrites par Mme Blavatsky à Mme Coulomb, où, prenant celle-ci pour confidente, Mme Blavatsky avouait sans pudeur une quantité de fraudes. Il y a quelque incertitude sur le prix dont elles furent payées ; peu de temps après leur publication, le professeur Patterson, du collège chrétien de Madras, répondit, à une question du docteur Hartmann, qu'ils étaient convenus de payer à Mme Coulomb 1.000 roupies, mais qu'ils ne lui en avaient donné jusque-là que 75 ; cette déclaration fut faite en présence de M. Judge, qui la publia le lendemain dans le *Madras Mail ;* le général Morgan dit qu'ils payèrent 150 roupies ; la somme importe peu. Ce qui est certain, c'est qu'ils achetèrent les lettres, et les publièrent dans le *Christian College Magazine* de septembre 1884 et des mois suivants. À première vue, pour quiconque

connaît Mme Blavatsky, ces lettres sont des faux ; car ce
sont les lettres d'une femme sans éducation, tandis que
le style de Mme Blavatsky est brillant, même quand il
est familier et dans le ton de conversation ; elles prou-
vaient une parfaite ignorance des titres indiens, créant,
par une erreur absurde, un *Maharadjah* de Lahore ; et
elles furent tout de suite reconnues comme sans valeur
par les personnes les mieux qualifiées pour en juger,
M. Lane-Fox, dans une lettre au *Times*, déclara :

> "Quant aux lettres que l'on prétend avoir été
> écrites par Mme Blavatsky, et qui ont été récem-
> ment publiées par un journal *chrétien* de l'Inde,
> d'accord avec tous ceux qui connaissent les cir-
> constances de la cause, je n'ai pas le moindre dou-
> te que, quel que soit leur auteur, elles ne sont pas
> écrites par Mme Blavatsky."

M. A. O. Hume, qui connaissait bien Mme
Blavatsky, et qui n'était pas précisément son ami, écrivit ce qui suit au *Statesman* de Calcutta :

> "Monsieur, — J'ai lu un article dans le *Times
> of India*, au sujet de certaines lettres soi-disant
> écrites par Mme Blavatsky à Mme Coulomb, ain-
> si que vos quelques remarques à ce sujet. Je désire

avertir vos lecteurs et le public en général de ne pas accepter ces prétendues lettres comme parfaitement vraies. Je puis le faire d'autant meilleure grâce *que tout rapport entre moi-même, Mme Blavatsky, le colonel Olcott et M. Damodar a cessé depuis longtemps.* Il y a bien des choses que je n'ai pu approuver dans la direction de la société et de son journal, et c'est pourquoi, tout en conservant ma chaude sympathie à ses objets déclarés, je ne suis guère, depuis deux ans et plus, qu'un membre nominal de la Société théosophique. C'est donc entièrement sans parti pris que je conseille à toutes les personnes qui s'intéressent à la question de suspendre leur jugement sur l'authenticité de ces prétendues lettres. Je ne veux pas ici soulever la question : Mme Blavatsky est-elle capable de participer à de sottes fraudes du genre de celles que ces lettres représentent comme dirigées par elle ? Tout ce que je désire faire remarquer, c'est ceci : *Madame Blavatsky n'est pas sotte ;* au contraire, comme l'admettront tous ceux qui la connaissent, ennemis aussi bien qu'amis, c'est une femme exceptionnellement habile et prévoyante, douée d'une remarquable et vive perception des caractères. Une femme de ce genre aurait-elle jamais donné à une personne comme Mme Coulomb ce pouvoir absolu sur son avenir qu'implique le fait d'avoir écrit des lettres pareilles ? Ou encore, à supposer que dans un accès de folie elle ait écrit ces lettres, en serait-elle venue à une rupture ouverte avec leur détentrice ? Certaines parties des lettres peuvent être assez vraies : un des passages cités a un sens tout différent de celui que le *Times of India* semble lui attribuer ; mais, croyez-moi, Mme Blavatsky est une femme bien trop avisée pour avoir jamais écrit, à personne, rien qui puisse la *convaincre de fraude*.

ALLAN HUME.

Simla, septembre 1884."

M. J. C. Mitter fait remarquer la faiblesse des allégations :

"Vous m'accorderez que *l'accomplissement* du soi-disant *démasquage* de Mme Blavatsky roule uniquement sur le témoignage non corroboré d'une personne qui, selon sa propre déclaration, était la complice active des fraudes, et qui a été exaspérée par son expulsion de la société. Avant de prononcer un jugement, on devrait faire une enquête serrée, et entendre les témoignages des deux côtés, au lieu d'asseoir son opinion sur la déclaration d'une complice, sur la véracité de qui l'on ne sait pas grand-chose, excepté qu'elle a participé elle-même à la fraude! Pourquoi Mme Coulomb n'a-t-elle pas publié les lettres, etc., qu'elle publie maintenant, immédiatement après avoir été rejetée du sein de la Société théosophique? Avait-elle besoin de temps pour se préparer?"

Mme Blavatsky elle-même fit face à cette basse accusation avec une indignation et une chaleur de langage caractéristiques:

"J'en jure par le Maître que je sers fidèlement, et pour accomplir les ordres duquel je souffre en ce moment; qu'il me maudisse dans l'incarnation future, oui, et dans une douzaine d'incarnations, si j'ai jamais fait quoi que ce soit sous mon propre bonnet, si j'ai jamais écrit une ligne de ces lettres infernales. Je me moque des experts; je me moque des missionnaires, de la cour, du jury et du diable sur terre en personne. Ce que je vous dis maintenant je le maintiendrai dans n'importe quelle cour devant tous les juges d'Asie, d'Europe et d'Amérique. *Je n'ai pas écrit les lettres Coulomb*. Et si la seule personne en qui je crois sans ré-

serve sur terre, mon MAÎTRE, venait me dire que
je l'ai fait, alors je passerais cela à son compte;
car rien ni personne au monde, si ce n'est lui-
même, ne pourrait avoir enlevé de ma cervelle et
de ma mémoire le souvenir de cet acte, de cet acte
idiot, insensé. Quelle idée! Si j'avais fait une pa-
reille ânerie, je ne serais jamais allée en Europe;
j'aurais mis ciel et terre sens dessus dessous pour
empêcher le conseil de surveillance de les mettre
dehors; je serais revenue à la première indication
de danger... Je souffre pour mes fautes d'il y a
des siècles. Je sais pour *quoi* je souffre, et je bais-
se bien bas ma tête déchue, dans l'humilité et la
résignation. Mais je m'incline seulement devant
Karma et mon Maître. Je ne m'inclinerai jamais
devant les *padris* ou par crainte d'eux. Vous pouvez publier cette lettre maintenant ou quand je
serai morte, pour qu'ils le sachent." Et encore:
"Si vous croyez ou si quelqu'un de vous croit
vraiment que je me sois jamais rendue coupable
en conscience d'aucune tromperie, ou que je me
sois servie des Coulomb comme complices, ou de
n'importe qui d'autre, et que je ne sois pas la pure
victime de la conspiration la plus infernale qui
ait jamais été mise sur pied, une conspiration qui
était *en préparation depuis cinq ans*, alors, télégra-

phiez-moi là où je suis, *de ne jamais plus montrer mon visage devant la société*, et je le ferai. Que je périsse, mais que la société vive et prospère !"

Voici une chose futile, et pourtant significative : Mme Coulomb, si elle eût été complice de fraude, aurait-elle écrit à Mme Blavatsky le 13 août 1883 : "Je crois vraiment que je deviendrai folle si je reste avec vous", en racontant l'incident Morgan, et en concluant : "Je dis que vous avez des intelligences avec le malin", si à ce moment elle avait pris part à une imposture, et qu'elle eût elle-même arrangé le phénomène, comme elle le prétendit plus tard ? Si elle eût été complice elle aurait bien pu soutenir la farce devant témoins, mais certainement elle ne l'aurait pas continuée dans des lettres particulières entre elles, spécialement à l'époque même où, d'après elle, Mme Blavatsky lui écrivait avec une franchise si éhontée. Un faux aussi gratuit et inutile que la lettre du 13 août n'est pas croyable. La lettre est toute naturelle, émanant d'une chrétienne effrayée et superstitieuse ; elle est incompréhensible, venant de la complice d'une imposture effrontée !

Personne n'a jamais accusé Mme Blavatsky d'être sotte, et pourtant une sotte pouvait seule tracer des lettres si follement compromettantes, puis se quereller avec la femme qui les tenait. La prudence la plus élémentaire excluait une telle conduite. En 1889, j'ai résumé les preuves à ce sujet dans une lettre au *Methodist Times*, et ce sommaire peut bien être reproduit ici :

> "Cher Monsieur,
> Mon attention a été appelée sur une lettre du professeur Patterson dans votre numéro du 31 octobre. Ma note, à laquelle elle répond, était provoquée par le défi direct que vous m'aviez adressé d'examiner les preuves contre mon amie Mme Blavatsky, et je n'avais pas l'intention de soulever une correspondance prolongée. Il est clair que nous sommes face à face avec des affirmations absolument contradictoires. Le professeur Patterson dit que Mme Coulomb n'a pas été payée pour les lettres : le major-général Morgan dit (dans une brochure publiée en 1884, *Reply to a report*, etc.) que "les missionnaires écossais leur payèrent (aux Coulomb) 150 roupies pour commencer". Le professeur Patterson dit que tous les théosophes qui ont exprimé le désir de voir les lettres en ont eu la permission. Mme Blavatsky me dit qu'elle l'a demandée, et qu'on la lui a refusée ; M. B. Keightley me dit qu'il l'a demandée, et qu'on la lui a refusée, et qu'à sa connaissance personnelle d'autres théosophes de marque ont

essuyé le même refus. Je ne connais pas le professeur Patterson; je connais ces théosophes; et je
préfère accepter leur parole.

Mais ma croyance à la fausseté des lettres ne
repose pas sur ces détails relativement insigni-
fiants; elle repose sur une vue d'ensemble de la
cause. D'un côté, un homme et une femme qui
avaient été chassés d'une société, parce que cette
femme avait essayé d'extorquer de l'argent —
quatre attestations de pareilles tentatives sont
en déposition; une femme que Mme Blavatsky
avait empêchée de se procurer de l'argent, et qui
avait juré de se venger — une attestation établit
cette menace; une femme qui avait essayé de faire
chanter Mme Blavatsky — une lettre envoyée par
elle le prouve; une femme qui avait fabriqué de
fausses lettres du docteur Hartmann et du major-
général Morgan, et qui, ayant déposé une plainte
contre ce dernier pour l'avoir accusée de faux, la
retira avant le jugement (le prétexte qu'elle fut
retirée parce que Mme Blavatsky n'était plus là
est absurde; qu'avait à faire cette dame avec le
faux de la lettre du général Morgan?); une femme qui, de son propre aveu, s'était rendue coupable d'imposture. De l'autre côté, le témoignage
d'un comité, composé du docteur Hartmann, du

major-général Morgan, de A.-J. Cooper-Oakley,
du docteur Gebhard, et de dix *gentlemen* indiens
de rang, d'instruction et de capacités reconnues,
qui examinèrent toutes les charges à l'époque, et
déclarèrent que pas une seule ne tenait debout ;
le témoignage de ceux qui ont vu les lettres et affirmé qu'elles étaient des faux manifestes (voir le
Rapport de 1885) ; le témoignage de M. G. Row
"d'après mon expérience de vingt-cinq ans, comme officier de justice… je suis arrivé à la conclusion que les lettres sont des faux, de la première
à la dernière" (Rapport officiel, 1884) ; les faux
parallèles commis contre le docteur Hartmann et
le major-général Morgan, alléguant leur manque
de foi en Mme Blavatsky, faux aussitôt dénoncés
par eux et démasqués sur-le-champ ; les éviden-
ces inhérentes aux lettres mêmes, par exemple le
français illettré, alors que Mme Blavatsky parle et
écrit parfaitement cette langue, comme la plupart
des Russes instruits ; le fait que Mme Coulomb
a été disgraciée et chassée, et avait tout à gagner
en courtisant la faveur des missionnaires ; le fait
que les lettres furent publiées pendant que Mme
Blavatsky était en Europe, qu'elle s'empressa de
revenir pour faire face à l'accusation, qu'elle resta
là pendant l'examen de l'affaire, et ne s'en alla de

nouveau qu'après que les accusations eurent été reconnues fausses. (Loin de s'enfuir secrètement, elle entra dans le steameur au bras du magistrat en chef de la Présidence; et elle partit sur l'ordre péremptoire du docteur Scharlieb, le médecin qui la soignait, et qui craignait pour sa vie si elle restait sous le climat de Madras. Elle n'avait pas été appelée comme témoin dans l'affaire Coulomb-Morgan, n'y étant pas impliquée). Je pourrais ajouter à tout cela le serment de Mme Coulomb : "J'ai pu dire différentes choses dans ma colère, mais je jure sur tout ce que j'ai de plus sacré que je n'ai jamais parlé de fraude, de passages secrets, de trappes, ni dit que mon mari vous avait aidée en quoi que ce soit. Si ma bouche a proféré ces mots, je prie le Tout-Puissant d'attirer sur ma tête les pires malédictions de la nature." Serment emphatique, certes; mais je n'attache pas d'importance au serment de telles lèvres.

Quant à la menace finale du professeur Patterson, qu'il publie ce qu'il voudra. S'il existait des documents compromettants, ceux qui se sont servis de Mme Coulomb ne pourraient avoir aucun scrupule qui en empêchât la publication. Mme Blavatsky est pauvre, fatiguée et invalide;

il n'y a guère de chances qu'elle aille dans l'Inde
pour le faire poursuivre.

Annie Besant.
19, Avenue road, N.W."

Mme Blavatsky désirait vivement intenter une
poursuite en diffamation au *Christian College Magazine*,
mais le colonel Olcott insista pour faire décider de la
chose par la Société :

> "J'ai représenté à Mme Blavatsky que son
> devoir est de se laisser gouverner par l'avis du
> Conseil général, et de ne pas entreprendre de dé-
> cider par elle-même. Je lui ai dit qu'elle et moi,
> ayant appelé à l'existence cette Société si impor-
> tante, nous sommes maintenant obligés de nous
> considérer comme ses agents en tout ce qui af-
> fecte ses intérêts ; et que nous devons subordon-
> ner, à la question prédominante de sa prospérité,
> nos réputations particulières, non moins que nos
> forces et nos moyens [56]."

---

[56]   *Ninth Report of the TS*, p. 12. Cette brochure contient aussi le
rapport du Comité.

Un comité fut élu, et décida à l'unanimité qu'elle ne devait pas poursuivre ; elle se soumit à regret, à peine consolée par la vive affection et la confiance qui lui furent montrées.

L'ENQUÊTE DU DOCTEUR HODGSON

M. Hodgson, l'envoyé de la S.R.P., était présent à cette mémorable réunion de la convention de décembre 1884; le colonel, dans l'innocence de son cœur, lui avait offert une chaude bienvenue. L'apparente amitié de M. Hodgson n'était cependant qu'un prétexte pour cacher son but réel; son honnête enquête n'était qu'une feinte pour détruire plus sûrement. Le dépositaire d'une tâche comme celle confiée à M. Hodgson devrait avoir par-dessus tout les capacités, l'honnêteté et l'exactitude nécessaires. Malheureusement pour lui et pour toutes les personnes intéressées, ces qualités spéciales n'étaient guère prééminentes chez M. Hodgson. C'était un jeune homme, très sûr de lui-même, profondément ignorant des manières indiennes et des faits occultes; plus tard dans la vie il devait acquérir la conviction de la réalité de bien des forces qu'il ridiculisait alors d'un: cœur léger, de phénomènes qu'il regardait comme impossibles, et, dans son ignorance, stigmatisait d'imposture. Son mauvais Karma en avait fait un agent destiné à infliger une grande douleur à une femme innocente — dans cette vie, — et à porter par son intermédiaire, un coup nécessaire, à un grand mouvement spirituel. "En vérité le Fils de l'Homme va selon qu'il est écrit de Lui, mais malheur à celui par qui le Fils de l'Homme est trahi."

Avant de quitter l'Angleterre, M. Hodgson n'avait manifesté aucune faculté d'éclat spécial, et il venait approfondir des incidents hyper physiques chez un peuple qui regardait les Anglais comme indignes de partager leur propre connaissance, et dont beaucoup, comme M. T. Subba Row, ressentaient amèrement la manière dont Mme Blavatsky avait écarté le voile sous lequel ils cachaient leurs secrets de génération en génération. Il est indubitable qu'avec son ignorance anglaise de la pensée indoue et son mépris anglais pour la véracité indoue, il vint se heurter contre les cerveaux de la race la plus subtile du monde, race qui en outre, pour garder ses choses saintes contre l'étranger insolent, n'hésite pas à nier une croyance franchement reconnue devant des gens sympathiques. Je ne blâme pas ce pauvre M. Hodgson d'avoir été berné autant qu'il pouvait l'être — c'est là plutôt une mésaventure qu'une faute, — mais je le blâme pour le préjugé qui lui fit accueillir à bras ouverts tous les soupçons en l'air ou les accusations portées par les ennemis déclarés de la S. T., et ignorer tous les témoignages offerts par des amis. Son attitude d'un bout à l'autre fut celle, non de l'investigateur, mais du sceptique qui ne cherche que des preuves d'imposture. M. Sinnett établit bien la situation après la publication du rapport de M. Hodgson. Il écrit :

"Dans ce rapport, même tel qu'il est maintenant, — amendé avec l'aide prolongée de personnes plus expérimentées, bien qu'hostiles au mouvement théosophique, — rien ne suggère qu'il ait même encore commencé à comprendre les conditions primordiales des mystères qu'il a entrepris d'élucider. Il a naïvement supposé que, dès qu'une personne dans l'Inde était visiblement dévouée à l'œuvre de la Société théosophique, on en pouvait présumer qu'elle désirait s'assurer sa bonne opinion et lui persuader que les phénomènes allégués étaient véritables. Il laisse voir qu'il observa leur conduite et leurs phrases de hasard pour recueillir des concessions qui pussent être retournées contre la cause théosophique. Il semble n'avoir jamais soupçonné ce dont tout chercheur plus expérimenté se serait aperçu tout de suite, à savoir que le mouvement théo-

sophique, en tant qu'il s'occupe de faire connaître au monde en général l'existence dans l'Inde
de personnages appelés Mahatmas, très avancés
dans la compréhension de la science occulte, et
les vues philosophiques qu'ils professent, est un
mouvement qui a été regardé avec une profonde
irritation par beaucoup des naturels dévoués à ces
Mahatmas, et par beaucoup des plus ardents disciples et étudiants de leur enseignement occulte.
L'attitude d'esprit traditionnelle avec laquelle
les occultistes indiens regardent leurs trésors de
connaissance, est une attitude où la dévotion est
largement teinte de jalousie envers tous ceux qui
voudraient essayer de pénétrer le secret dont ces
trésors ont été jusqu'ici enveloppés. Ils ont été
considérés comme n'étant l'acquisition légitime
que des personnes qui passent par les ordalies et
épreuves usuelles. Le mouvement théosophique
dans l'Inde, cependant, entraînait une rupture de
ce secret. Les vieilles règles ont été violées sous la
responsabilité d'une autorité si haute que les occultistes qui se trouvèrent impliqués dans l'œuvre
ne pouvaient que se soumettre. Mais dans bien
des cas cette soumission n'a été que superficielle.
Quiconque eût été mieux au courant de l'histoire
et de la croissance de la S. T. que l'agent de la

S.R.P. aurait été à même de désigner, parmi ses membres indigènes les plus fidèles, beaucoup de personnes dont la fidélité était due seulement aux Maîtres qu'elles servaient, et non à l'idée à laquelle ces personnes étaient employées, — tout au moins en tant que ce mouvement avait pour but de démontrer que des phénomènes physiques anormaux peuvent être produits par des Indiens avancés dans la science occulte. Or, pour de telles personnes, l'idée que des profanes européens, si indignement admis d'après elles aux arcanes intimes de l'occultisme oriental, barbotaient dans la croyance qu'ils avaient été trompés, qu'il n'existait rien en fait d'occultisme indien, que le mouvement théosophique était un trompe-l'oeil et une illusion dont ils ne s'occuperaient plus, — cette idée offrait un attrait enchanteur ; et l'arrivée au milieu d'eux d'un jeune homme excessivement confiant en lui-même, venu d'Angleterre pour essayer d'explorer les mystères occultes avec les méthodes d'un détective de Scotland Yard, et exposé à toutes sortes de méprises par son manque total de familiarité avec le ton et le caractère de l'occultisme moderne, fut naturellement pour eux une source d'intense satisfaction. Le comité de la S.R.P. s'imagine-t-il que les occultistes indigènes de la S. T. dans l'Inde se tordent en ce moment, accablés sous le jugement qu'il a prononcé ? Je suis tout à fait certain, au contraire, que, pour la plupart, ils en rient de bon cœur, avec délices. Il se peut qu'ils trouvent la situation un peu compliquée dans leurs relations avec leurs Maîtres, en tant qu'ils ont consciemment contribué au facile égarement de l'esprit de M. Hodgson, mais le spectacle comique que M. Hodgson donne de lui-même dans son rapport, — où nous le voyons ramasser de phrases inachevées et indiquer les points faibles du témoignage de quelques *Chélas* indous, contre lesquels, s'il avait mieux compris sa tâche, il aurait dû surtout se tenir en garde, — ce spectacle, tout au moins, nous pouvons comprendre qu'ils le trouvent amusant [57]."

Après la compétence, l'honnêteté est, pour un reporter, le point le plus important. M. Hodgson était-il honnête ? Là-dessus, j'ai le regret de le dire, il existe une preuve convaincante en faveur de la négative, un fait que j'ai publié en mars 1891 dans une revue bien connue à l'époque, *Time* et qui, à ma connaissance, n'a jamais été contredit ; il est, de fait, impossible de le

---

57   *The Occult World Phenomena* par A. P. SINNETT, pp. 2-4.

contredire. M. Hodgson, dans son rapport, publie "un plan de la chambre occulte avec le tabernacle et ses environs", (d'après des mesures prises par R. Hodgson, aidé par les déclarations de témoins théosophes).

À la page 220, M. Hodgson dit que "l'esquisse sommaire ci-jointe, faite d'après mes propres mesures, montre les positions". Le lecteur va voir pourquoi j'ai insisté sur le fait que M. Judge, pendant l'été de 1884, avait fait maçonner le trou, puis plâtrer et tapisser le mur ; ceci ayant été fait pendant l'été de 1884, comment M. Hodgson aurait-il pu faire une esquisse sommaire des positions, d'après ses propres mesures, au printemps de 1885 ? On peut demander : "Comment donc M. Hodgson s'est-il procuré ce plan ?"

La réponse est simple ; M. Judge la donne. Il dit :

"Je fis un plan des lieux en l'état où ils avaient été laissés par les Coulomb, et c'est ce plan qu'Hodgson a plagié pour son rapport, en voulant faire croire qu'il est de lui, qu'il l'a fait sur place ayant sous les yeux ce qu'il prétend avoir dessiné."

Tout ce que M. Hodgson pouvait voir était un mur nu. Je reproduis ; ici les commentaires que je fis dans *Time* sur cette singulière manière de procéder :

"Je me permets de suggérer que le plagiat du plan d'une autre personne, avec les mesures prises de choses qui n'existaient plus quand M. Hodgson a visité Adyar, sont inconciliables avec la bonne foi. Pourtant toute la terrible accusation contre Mme Blavatsky repose sur le témoignage de cet homme. La Société des recherches psychiques, qui a pris la responsabilité du rapport, n'a aucune autre connaissance des faits que celle fournie par M. Hodgson. Tout roule sur sa véracité. Et il publie le plan d'un autre comme sien, et il prend d'imaginaires mesures d'objets évanouis."

En troisième lieu, M. Hodgson était-il un homme exact, ou hâtif et négligent ? Un seul exemple suffira à montrer l'extrême insouciance avec laquelle il lançait ses accusations. M. Mohini M. Chatterji fait les remarques suivantes sur les pages 357-8 du rapport :

"En peu de mots, le phénomène consiste en ce que j'ai entendu en même temps deux voix, celle de Mme Blavatsky et une autre, tandis que j'étais assis seul avec elle dans sa chambre, dans la maison de feu M. Nobin K. Bannerji à *Darjiling*. "À propos de cet incident", dit M. Hodgson, "je n'ai qu'à rappeler au lecteur le trou dans le mur

qui était près du coin de la chambre de Mme
Blavatsky. Le complice peut avoir été Baboula,
à qui l'on avait dicté d'avance la réponse à faire,
avec une feuille de manguier dans la bouche pour
déguiser sa voix". À mon tour, en ce qui concerne
cette hypothèse, je n'ai qu'à rappeler au lecteur que
l'incident n'eut pas lieu à Madras, où M. Hodgson
examina les chambres de Mme Blavatsky, mais à
Darjiling, dans l'Himâlaya, plusieurs mois avant
que la maison de Madras fût achetée ou occupée.
Je laisse à autrui le soin de déterminer quelle lumière est jetée sur les conclusions de M. Hodgson
par cette inexactitude, après toute cette patiente
et pénétrante enquête, où il se vante d'avoir toujours fait grande attention aux faits [58]."

Le premier point acquis au rapport est la présence
de trappes et autres arrangements en vue de la fraude dans les chambres occupées par Mme Blavatsky à
Adyar. Cette présence est pleinement expliquée dans
les pages précédentes, d'où il ressort clair comme le
jour que si, contrairement à toute évidence, Mme
Blavatsky avait songé à employer ces moyens frauduleux pour accomplir des phénomènes, leur emploi était

---

58   *The Occult World Phenomena*, p. 47.

encore à venir, puisque ces dispositifs n'étaient pas en
existence quand elle quitta l'Inde en février 1884, et
n'étaient même pas achevés ni prêts à servir en mai
1884, quand ils furent découverts. Mais si cela est vrai,
et la vérité en est abondamment prouvée, que devient
le compte-rendu détaillé de M. Hodgson à propos de
l'arrangement compliqué au moyen duquel une communication était établie entre la chambre à coucher
de Mme Blavatsky et l'intérieur du placard ou tabernacle placé dans la chambre occulte? Il prétend que
la moitié supérieure du panneau de fond du placard
pouvait glisser — M. Hodgson n'a pas vu le placard,
et le docteur Hartmann, qui l'a vu et examiné, dit qu'il
avait *un fond solide et immuable* [59], ce qui est confirmé
par d'autres ; M. Hodgson prétend, qu'un miroir était
suspendu dans le placard pour cacher la ligne de séparation — personne n'a jamais parlé de ce miroir, mais

---

59   "Ce qu'on appelait le tabernacle était un simple placard
pendu lâchement sur un mur dans la chambre de Mme Blavatsky. Je
l'examinai à cette occasion (le soir de son arrivée), et plus tard plus
minutieusement, et je le trouvai pareil à tous les autres placards, meublé
d'étagères, avec un fond solide et immuable, suspendu contre un mur
selon toute apparence solide et recouvert de plâtre. Cependant, comme
il y avait eu jadis dans ce mur une porte qui, d'après ce que me dit Mme
Blavatsky, avait été murée, et comme un mur plein, sans soutènement
suffisant en dessous, aurait été si lourd que les solives sur lesquelles
il reposait auraient pu céder, l'intérieur du mur ne fut pas rempli de
briques, mais laissé creux, et il resta entre les briques un intervalle
profond de quelque douze pouces". (*Report of observations*, etc., p. 12.)

il y en avait un sur un mur à angle droit avec celui-là, cachant un autre panneau mobile que l'on pouvait voir d'ailleurs dans la salle extérieure; qu'un trou était fait dans le mur — ce trou n'a jamais existé, nous l'avons vu; — ensuite, qu'un panneau glissant était pratiqué dans la porte murée — c'est probablement le trou fait dans la cloison, la porte ayant été enlevée; enfin qu'un panneau mobile était pratiqué dans le fond de la garde-robe. Si quelqu'un entrait dans la garde-robe, ouvrait le fond de la garde-robe et le panneau de la porte — à grands coups de maillet, pour annoncer sa venue, — il pouvait se glisser dans l'espace compris entre la porte et la cloison — si c'était un tout petit garçon, résigné à suffoquer — puis, à travers le trou de la cloison, soulever le sommet du panneau du placard — qui aurait ainsi apparu aux yeux du destinataire attendant sa lettre, pour lui expliquer les coups de maillet, — atteindre le dos du miroir — placé sur l'autre mur de la chambre — et le pousser de côté. Tout cela, M. Hodgson l'a entendu dire au véridique M. Coulomb, et *à personne autre*. Si M. Coulomb avait ajouté que c'était là son plan, malheureusement interrompu en cours d'exécution, tout cela attrait été assez probable; Mme Coulomb avait été médium au Caire, et de réputation pas fameuse, et M. Coulomb pouvait bien avoir acquis à son service son habileté de charpentier et ses idées ingénieuses ; les Coulomb peuvent même avoir pensé à utiliser le tabernacle, avec sa réputation déjà bien établie, pour des phénomènes à eux, en vue d'accroître leurs maigres ressources ; car Mme Blavatsky nous dit comment Mme Coulomb était souvent en colère après elle, parce qu'elle ne voulut jamais montrer aucun phénomène pour de l'argent, ni les produire de manière à attirer des dons. Mme Coulomb ne voyait pas de bon sens à négliger ce moyen si facile de remplir un trésor souvent à sec, et il est possible que la confection de trous et de panneaux mobiles fût destinée à l'usage exclusif des Coulomb, en vue d'extraire des espèces de la poche des princes indiens récalcitrants, plutôt qu'à un complot élaboré contre Mme Blavatsky. Sur toute cette affaire, M. Hodgson ne fait que répéter M. Coulomb ; il n'est pas un juge, mais le porte-voix d'un accusateur, d'un soi-disant complice, passé témoin du ministère public. "M. Coulomb déclare", "une déclaration de M. Coulomb", "selon M. Coulomb", telles sont les assertions réitérées. Et de preuves de ces fraudes, en dehors de cette source contaminée, il n'y en a aucune.

Il peut être utile de compléter l'évidence devant laquelle s'écroule cette partie du cas de M. Hodgson — ou des Coulomb, puisqu'ils sont identiques — au moyen d'une déclaration faite par M. Gribble, "le gentleman employé par les missionnaires comme expert" en ce qui concerne les fausses lettres. Après leur publication, il visita Adyar pour inspecter le "mécanisme de l'imposture" qui, d'après la déclaration du *Christian College Magazine*, "existe indubitablement, et est admirablement adapté pour la production des phénomènes d'Adyar. Deux théories sont possibles en ce qui le concerne. Ou bien il a été construit pour Mme Blavatsky, et employé par elle à la production de ces phénomènes; ou il a été construit après le départ de Mme Blavatsky, pour ruiner sa réputation".

Il y a une troisième possibilité, celle que nous venons de suggérer, qu'il peut avoir été destiné à l'usage particulier des Coulomb, durant les fréquentes absences de Mme Blavatsky. La fausseté de la première théorie a été prouvée, puisque le mur et le dos du tabernacle étaient tous deux intacts, après comme avant qu'elle eût quitté Adyar. La seconde théorie, par conséquent, tient bon. M. Gribble dit:

"On me montra aussi deux des portes glissantes et des panneaux que l'on dit avoir été construits par M. Coulomb après le départ de

Mme Blavatsky. Un de ces panneaux est à l'extérieur de la chambre appelée occulte, en haut. Tous deux ont été faits sans qu'on ait le moins du monde essayé de les cacher. Le premier est au haut d'un escalier de derrière, et consiste en deux portes qui ouvrent dans une espèce d'étagère à livres."

Il y avait une bibliothèque contre le mur séparant la chambre occulte de la salle extérieure, et ce panneau était derrière un miroir suspendu entre les deux corps de la bibliothèque, avec une étagère devant ; c'est probablement ce miroir dont M. Coulomb parla à M. Hodgson, transporté dans le tabernacle pour les besoins de l'histoire. Continuons avec M. Gribble :

"Ceci parait avoir été installé pour pouvoir mettre des aliments sur les étagères intérieures, sans ouvrir la porte [60]. L'autre arrangement est un panneau glissant qui se soulève [61], et s'ouvre et se ferme avec difficulté. Il est évidemment de construction récente. Certainement dans son état

---

60   Cette idée de l'agent des bons missionnaires se recommandera sans doute d'elle-même aux Indous, qui ont l'habitude de se faire passer des aliments dans leurs chambres poûdja !
61   Probablement celui qui était destiné au dos du tabernacle.

actuel il serait difficile de n'accomplir aucun phénomène par son intermédiaire. Aucune de ces
deux structures ne communique avec le tabernacle, qui est placé sur le mur en travers séparant la
chambre occulte d'une chambre à coucher voisine [62]".

M. Gribble semble avoir été un véritable Balaam,
amené par les missionnaires pour maudire leurs ennemis, et les bénissant au contraire.

Sûrement, devant cette évidence écrasante, de
tant de sources, opposée à l'unique déclaration de M.
Coulomb, transcrite par M. Hodgson, nous ne de-
vrions plus entendre parler des phénomènes frauduleux se rattachant au tabernacle de la chambre occulte
d'Adyar.

On peut ajouter un paragraphe final sur cette partie de l'affaire : le tabernacle n'était pas fixé au mur,
comme nous l'avons vu, mais y était simplement suspendu, et facile à enlever. En dehors d'un pension-
naire de Bedlam, qui donc aurait élaboré un appareil
compliqué pour y produire des phénomènes frauduleux, puis l'aurait laissé librement suspendu au-dessus
de l'ouverture, de façon que n'importe qui pût jeter

_____

62   *Report of the result*, etc., p. 103.

un coup d'oeil derrière et voir le trou, ou l'enlever et démasquer toute l'affaire? Indépendamment de cela, Mme Blavatsky était entourée de phénomènes partout où elle allait, et le tabernacle fut fait seulement en 1883, après son arrivée à Adyar; elle aurait pu tout au plus l'employer pendant les quelques mois qu'elle y passa, et sa présence ne peut expliquer les phénomènes accomplis de 1874 à 1882, dont se portent garants des hommes honorables, américains, européens et indiens. En outre, les phénomènes se rattachant au tabernacle ont continué après qu'elle eut quitté Adyar pour l'Europe. Il est nécessaire, si l'on doit accorder crédit au rapport de la S.R.P., non seulement de condamner Mme Blavatsky pour imposture, mais de condamner aussi les gens honorables associés avec elle, durant toutes ces années, comme conjurés et filous. Même s'ils ont été ses dupes pendant qu'elle était présente, il faut qu'ils soient devenus coopérateurs actifs de la fraude lorsqu'elle était absente.

La seconde accusation de M. Hodgson consiste dans les fausses lettres produites par Mme Coulomb, et qu'elle prétend venir de Mme Blavatsky. La seule preuve de leur authenticité est la parole de Mme Coulomb, et l'opinion de deux experts, MM. Netherclift et Sims. Cette opinion perd beaucoup de sa valeur par le fait que M. Netherclift et M. Sims, — dans cette affaire de la reconnaissance de l'écriture de Mme Blavatsky, — ont varié et se sont contredits eux-mêmes ; M. Hodgson leur soumet de l'écriture qu'il croyait faite par elle, et est "surpris de voir" qu'ils pensaient qu'elle n'est pas d'elle. Lorsque cependant cette *même écriture* "lui est présentée de nouveau", M. Netherclift est d'avis que c'est la sienne "sans aucun doute", et M. Sims aussi a la complaisance de changer d'opinion.

La valeur de pareilles opinions d'experts a été bien montrée dans le procès intenté par M. Parnell au *Times;* le *Times* avait été trompé, comme le fut M. Hodgson, par un habile faussaire et eut gros à payer pour sa confiance en des experts du type Netherclift. Leur témoignage fut prouvé sans valeur, et le faussaire, convaincu de fraude, expia publiquement par le suicide. M. Montague Williams, G.C., l'éminent avocat, rapporte un cas où ce même M. Netherclift et un autre expert jurèrent positivement qu'un certain écrit était d'un certain homme, alors qu'il fut prouvé qu'il émanait d'un autre ; il considère leur témoignage sur les écritures comme dénué de toute valeur, et dit :

"À mon avis, ils sont absolument indignes de confiance [63]".

---

63   *Leaves from a Life*, p. 263.

C'est pourtant cet homme absolument indigne de confiance, avec son témoignage dénué de toute valeur, qu'il faudrait mettre en balance avec la grande masse de témoignages certifiant l'identité évidente de l'écriture des lettres reçues par l'intermédiaire de Mme Blavatsky et de celles qui ont été reçues loin d'elle. En face de la parole de Mme Coulomb et de l'opinion sans valeur des experts, je dresse les preuves données ci-dessus, pp. 33 à 40 et je me contente de laisser le public se faire une opinion.

La troisième accusation de M. Hodgson est que certaines lettres prétendues du Mahatma Kout-Houmi ont été écrites par Mme Blavatsky, ou dans certains cas par Damodar. En ce qui concerne ce jeune gentleman indou, on peut dire qu'il abandonna famille, richesse et amis et devint un hors-caste, afin de se dévouer à un travail incessant et à des difficultés de toutes sortes, pour l'amour de la Société théosophique. Il perdit tout pour cela, et ne gagna que — son Maître.

Le gain, en vérité, dépasse un million de fois la perte, *si le gain était réel*. Mais dans l'hypothèse que Damodar se fit le complice d'une fraude et se réclama d'un Maître non existant, on se demande : Dans quel but ? Un Brâhmana de haute classe n'est guère disposé à vivre et manger avec des Européens, à s'appauvrir et à perdre sa caste par amour pour eux. Est-il concevable qu'il aurait ainsi souffert pour prendre part à une duperie qui ne lui rapportait rien ? Tout au moins il croyait assez fortement à cette duperie pour avoir quitté Adyar, quand il fut convaincu que Mme Blavatsky ne reviendrait pas, pour avoir voyagé vers le nord, pour s'être plongé dans les déserts de l'Himâlaya et avoir franchi leurs défilés couverts de neige, dans le but de trouver l'ermitage de celui en qui il croyait. C'est ainsi qu'il passa hors de l'histoire de la société.

Les experts susmentionnés ont changé d'opinion quant à la provenance des lettres qui leur furent soumises : ils ont dit d'abord qu'elles n'étaient pas de Mme Blavatsky ; puis, ceci ne satisfaisant pas M. Hodgson, ils ont dit qu'elles venaient d'elle. Contre leur jugement variable on peut dresser celui de Herr Ernst Schütze, expert en calligraphie de la cour de Berlin, qui a témoigné sous serment que la lettre du maître K.H. "n'a pas la moindre ressemblance avec la lettre de Mme Blavatsky", et qui a écrit :

"Je dois vous assurer très positivement que si vous avez cru que les deux lettres venaient d'une seule et même main, vous étiez dans l'erreur la plus complète".

M. Hodgson a fait un minutieux examen des lettres et pense que c'est elle qui les a écrites ; des douzaines d'autres personnes sont arrivées à la conclusion exactement opposée. Certainement, de prime abord, les deux écritures sont aussi différentes qu'elles peuvent l'être, et quand nous nous rappelons l'énorme masse de lettres pareilles reçues par son intermédiaire, il est difficile de concevoir qu'elle ait pu écrire ces feuilles innombrables de manuscrits sans une défaillance, et de cette belle écriture claire qui ressemble si peu à sa calligraphie à elle, qui, bien que caractéristique, est loin d'être admirable. Mais la difficulté vraiment insurmontable qui barre le chemin à la théorie de M. Hodgson, c'est que des lettres de cette même belle et délicate écriture sont venues à diverses personnes par toutes sortes de procédés où Mme Blavatsky ne pouvait en aucune façon avoir pris part. De telles lettres ont été reçues, et pas par la poste, quand elle était à des milliers de milles de distance, et j'ai cité plus haut un certain nombre de cas où cette écriture a été reçue quand il était physiquement impossible qu'elle y eût mis la main. Tels sont les faits solides dressés contre les suppositions de M. Hodgson.

Les présomptions, à défaut de faits, frappent étrangement le lecteur sensé par leur caractère en l'air et sans fondement. "Il peut être arrivé ainsi… il est probable que... on peut suggérer que... tel ou tel... a peut-être fait telle chose."

Voilà les variations sur les citations de M. Coulomb.

La seule idée réellement originale du rapport est le motif suggéré par M. Hodgson pour les actions prétendues de Mme Blavatsky. Voilà une dame russe, dont la haute naissance et la haute position sociale sont reconnues, qui se met à jouer un rôle ridicule en Europe, en Amérique et dans l'Inde, au prix de sa ruine financière et sociale, sans rien y gagner que l'outrage et la calomnie, alors qu'elle pourrait vivre luxueusement, en grande dignité, dans son pays. M. Hodgson repousse l'idée d'une monomanie religieuse ; il admet que le profit pécuniaire n'était pas son but, et rejette la théorie d'un "désir morbide de notoriété". "Une conversation de hasard" lui a enfin ouvert les yeux, et il a découvert le secret de son étrange carrière : elle était un agent de la Russie, et "son but suprême était le progrès des intérêts russes". Cette docte conclusion est peut-être le meilleur critérium des capacités de M. Hodgson, d'autant mieux qu'elle est en partie basée sur "un écrit fragmentaire qui forme l'un des documents Blavatsky-Coulomb", en bon français, un morceau de papier déchiré ramassé dans le panier de Mme Blavatsky par Mme Coulomb.

PROTESTATION DE M. SINNETT

M. Sinnett écrase cette grande découverte dans une protestation indignée contre la S.R.P. pour avoir publié :

"avec toute l'autorité que peut conférer la procédure, une vaine et monstrueuse invention touchant Mme Blavatsky, avancée par M. Hodgson en conclusion de son rapport pour en étayer l'évidente faiblesse en ce qui concerne toute l'hypothèse sur laquelle il repose. Il est bien évident qu'il y a de fortes présomptions contre l'imputation d'imposture et de duperie vulgaire envers une personne qui, au vu et au su de tout le monde, a dévoué sa vie à une idée philanthropique, en faisant le manifeste sacrifice de toutes les considérations qui fournissent en général des motifs d'action au genre humain. M. Hodgson sent bien la nécessité d'attribuer à Mme Blavatsky un mo-

tif aussi dégradé que la conduite dont M. et Mme
Coulomb lui ont fait croire qu'elle était coupable, et il triomphe de cette difficulté en suggé-
rant qu'elle pouvait être un agent politique de la
Russie, travaillant dans l'Inde à fomenter de la
déloyauté envers le gouvernement britannique.
Peu importe à M. Hodgson qu'elle ait notoire-
ment fait le contraire ; qu'elle ait fréquemment
assuré aux indigènes, verbalement ou par écrit, en
des réunions publiques et dans des lettres qu'on
peut montrer, que malgré tous ses défauts le gouvernement britannique est encore le meilleur
qui soit à la portée de l'Inde ; et qu'à plusieurs
reprises, du point de vue de quelqu'un qui parle
en connaissance de cause, elle ait déclaré que le
gouvernement russe serait infiniment pire. Peu
importe à M. Hodgson que sa vie ait été passée
coram populo, presque jusqu'au ridicule, du jour
où elle a été dans l'Inde, que toutes ses énergies
et tout son travail aient été consacrés à la cause
théosophique, que le gouvernement de l'Inde,
après avoir approfondi la question avec l'aide de
sa police quand elle vint pour la première fois
dans le pays, ait bien vite résolu l'énigme et abandonné tout soupçon de ses motifs. M. Hodgson
se soucie peu du rire que provoquera l'absurdité

de son hypothèse chez tous ceux qui ont connu Mme Blavatsky un peu de temps. Il s'est procuré par son guide et conseiller, Mme Coulomb, un fragment d'écriture de Mme Blavatsky, ramassé, parait-il, voilà plusieurs années, et conservé précieusement pour quelque usage qu'on en pût faire plus tard, un fragment qui a trait à la politique russe, et qui semble faire partie d'un argument en faveur de l'avance russe dans l'Asie centrale. Cela suffit à l'enquêteur psychique, et le texte de ce document parait dans son rapport pour étayer sa scandaleuse insinuation contre l'intégrité de Mme Blavatsky.

L'explication toute simple de ce papier, c'est qu'il est évidemment un fragment de brouillon d'une longue traduction des Voyages en Asie centrale (ou tout autre titre que portait la série) du colonel Grodekoff, que Mme Blavatsky fit, sur ma requête, pour le *Pioneer*, organe du gouvernement indien, dont j'étais directeur à l'époque. Je ne retarderai pas la publication de cette brochure pour écrire dans l'Inde et me procurer les dates où la série des articles Grodekoff a paru dans le *Pioneer*. Ils ont duré quelques semaines, et ont dû être publiés l'une des dernières années de la dernière décade, ou peut-être en 1880. En écrivant aux imprimeurs du *Pioneer*, M. Hodgson pourrait peut-être se procurer, si le manuscrit de cette traduction a été conservé, plusieurs centaines de pages de l'écriture de Mme Blavatsky, pleines de sentiments de la plus ardente anglophobie. Il est plus que probable, dis-je, que le fragment pillé dont il est si fier, était une page rejetée de cette traduction, à moins qu'elle ne soit tombée, ce qui serait encore plus amusant, de quelques autres traductions russes que Mme Blavatsky, je le sais positivement, fit, pour le ministère des affaires étrangères de l'Inde pendant une de ses visites à Simla, où elle fit la connaissance de certains fonctionnaires de cette administration, et fut employée pour quelques travaux à son service.

Je me hasarde à croire que s'il n'eût été bien connu que Mme Blavatsky était trop mal fournie d'argent pour demander réparation à la barre coûteuse de la justice britannique, si elle n'avait été plongée jusqu'au cou dans cette odeur de mystère psychique si désagréable aux cours de justice britannique, le comité de la S.R.P. n'aurait guère jugé à propos de l'accuser, dans un document public, d'une conduite infâme qui, si elle en était réellement coupable, en ferait un ennemi public dans son pays d'adoption et un objet de mépris pour les gens honorables, et cela, sur la folle suggestion d'un agent particulier qui avait désespérément besoin d'une explication pour certaines conclusions dont aucun enchaînement de circonstances pédantesques ne pouvait autrement sauvegarder l'invraisemblance [64]."

C'était positivement une partie de la traduction des voyages de Grodekoff que M. Hodgson avait reçue de Mme Coulomb. Tel est le seul mobile que M. Hodgson ait pu découvrir aux fraudes dont il l'accuse, et qui, on s'en souvient, ont dû commencer en Amérique dès 1874. Si ce rapport doit survivre, grâce à sa connexion avec la noble femme qu'il calomnie, sûrement; dans les siècles à venir, cette accusation de M. Hodgson soulèvera un rire inextinguible, et les gens s'étonneront de la folie de ceux qui ont accordé quelque crédit à ce jeune homme.

Le rapport de M. Hodgson fut présenté à son comité, composé de MM. E. Gurney, F. W. H. Myers, F. Podmore, H. Sidgwick et J. H. Stack, et ces messieurs, le 24 juin 1885, annoncèrent, qu'ils en approuvaient les conclusions. Le rapport lui-même fut publié dans le numéro de décembre des *Annales* de la société.

---

64   *The Occult World Phenomena*, pp. 7, 8 et 12.

M. Sinnett commente avec beaucoup de force, mais non trop, la profonde injustice de l'action du comité ; et en vérité il est difficile de comprendre — pourtant l'histoire n'est-elle pas remplie d'injustices semblables perpétrées contre ceux qui sont en avance sur leur époque — comment des hommes du genre de ceux qui viennent d'être nommés ont pu se prêter eux-mêmes et laisser entraîner leur société à un acte aussi injuste et cruel que la publication de cet infâme rapport.

"Je considère", déclare M. Sinnett, "les membres du comité de la S.R.P., c'est-à-dire MM. E. Gurney, F. W. H. Myers, F. Podmore, H. Sidgwick et J. H. Stack, comme bien plus blâmables d'avoir osé prononcer un jugement d'après la seule lumière de leurs réflexions personnelles sur le rapport grossier et trompeur que leur a fourni M. Hodgson, que ce dernier n'est lui-même à blâmer même pour s'être si pitoyablement mépris sur des problèmes que dès le début il était mal qualifié pour approfondir. Il leur eût été facile demander au choix diverses personnes de Londres, qualifiées par une longue expérience du mouvement théosophique, et de leur demander un contre rapport *prima facie* sur l'attaque ainsi faite contre l'authenticité des phénomènes, avant de prononcer sur l'ensemble de l'accusation un jugement formel et destiné au gros public. Nous avons tous entendu parler de causes où les juges trouvent inutile de citer la défense : mais ce sont généralement des cas où les juges ont décidé qu'il n'y avait pas lieu de poursuivre. Le comité de la S.R.P. nous offre un exemple probablement sans précédent dans les annales judiciaires, en refusant d'entendre la défense sous prétexte que le réquisitoire a été suffisamment convaincant. Ses membres couvèrent en secret le rapport de leur agent, ne consultèrent personne qui fût en mesure de leur ouvrir les yeux sur la méthode défectueuse du travail de M. Hodgson, et pour conclure cette investigation par trop indépendante, dénoncèrent comme l'un des plus remarquables imposteurs de l'histoire une dame tenue dans la plus haute estime par un nombre considérable de personnes, y compris de vieux amis et des alliés d'un caractère sans tache, qui avaient positivement abandonné situation et confort pour de longues années de lutte, au service de la cause théosophique, au milieu des détractions et des privations".

M. Sinnett parle avec dédain, en ce qui concerne
l'attaque contre lui-même faite dans ce même rapport,
de :

"ce catalogue entier de menues conjectures
que M. Hodgson a réunies dans son rapport, tout
en abusant de l'hospitalité qui lui était offerte
au quartier général de la Société théosophique à
Adyar, tout en laissant supposer aux naïfs repré-
sentants du mouvement à Madras qu'en ouvrant à
son inspection leurs cœurs et leurs annales, en lui
donnant le plus libre accès à leurs appartements
et à leurs journaux, ils le persuaderaient mieux
de la simple loyauté de leurs vies et lui feraient
repousser comme invraisemblable l'idée qu'ils
peinaient dans la pauvreté et les sacrifices sans
autre but que de propager une vaine illusion et de
décevoir cruellement leurs meilleurs amis [65]".

Inutile de dire que la publication des Annales de
la S.R.P. souleva un ouragan : il sembla quelque temps
que la société allait périr du coup. Non seulement le
monde extérieur, toujours prêt à croire au mal, ac-
cueillit avec joie l'idée que les merveilles super-physi-

---

65   *The occult World Phenomena*, pp. 7, 8 et 12.

ques étaient frauduleuses, mais beaucoup de membres
se détachèrent de la société. Mme Blavatsky écrivait:

"Nos membres, influencés par Hodgson et
Hume, commencent à perdre ou ont déjà perdu
confiance dans les fondateurs. Des fautes ont été
commises, disent-ils, qui prouvent que nous ne
sommes pas protégés par les Mahatmas. En vérité? Et on désigne comme principale faute celle
d'avoir reçu et entretenu les Coulomb pendant
cinq ans. Comment les Mahatmas ont-ils pu
permettre cela, sachant que c'étaient de tels co-
quins, et prévoyant les choses, s'ils les prévoient?
demande-t-on. Autant accuser les premiers chré-
tiens d'avoir cru au Christ et à ses phénomènes,
alors qu'il garda Judas trois ans parmi ses disciples, pour être trahi par lui et crucifié grâce à lui.
"Nourris même le serpent affamé, sans craindre
sa morsure", a dit le seigneur Bouddha. "Aide
les esprits affamés (*pisâchas*); ne refuse jamais
d'hospitaliser celui qui n'a pas de maison, ni de
donner à manger à celui qui a faim, par crainte
qu'il ne te remercie en te volant ou t'assassinant."
Voilà la politique des Mahatmas. Le Karma des
Coulomb est à eux, le nôtre est à nous. Je suis
prête à recommencer. Il y a des périodes de pro-

bation pour les sociétés aussi bien que pour leurs membres individuels. Si ces derniers se sont mépris sur les Mahatmas et leur politique, c'est leur faute et non la nôtre. Les Maîtres n'interviennent pas dans le Karma."

De toutes les accusations lancées contre elle celle qui blessa le plus profondément ses sentiments d'orgueil et de dignité fut cette lâche allégation de M. Hodgson qu'elle était une espionne russe. Elle déclara que si on ne lui permettait pas de le poursuivre en diffamation sur ce point, elle ne reviendrait jamais dans l'Inde, — et elle n'y revint jamais. M. Sinnett, qui resta vaillamment debout à ses côtés pendant tout ce cruel orage, a reproduit une protestation de sa plume dans sa brochure, *The Occult World Phenomena*. La voici :

PROTESTATION DE MADAME BLAVATSKY

"La Société des recherches psychiques vient de publier le rapport fait à l'un de ses comités par M. Hodgson, l'agent envoyé dans l'Inde pour approfondir la nature de certains phénomènes représentés comme ayant eu lieu au quartier général de la Société théosophique aux Indes et ailleurs, et à la production desquels j'ai été directement ou indirectement mêlée. Ce rapport m'attribue une conspiration avec les Coulomb et plusieurs Indous pour en imposer à la crédulité de diverses personnes de mon entourage, par des moyens frauduleux, et déclare authentiques une série de lettres soi-disant écrites par moi à Mme Coulomb, au sujet de cette prétendue conspiration; ces lettres, je les ai déclarées moi-même en grande partie fausses. Fait étrange, depuis le moment où l'enquête a commencé, voilà quatorze mois, jusqu'à ce jour, où je suis déclarée coupable par ceux qui se sont constitués mes juges, il ne m'a jamais été permis de voir ces lettres accablantes. J'attire l'attention de tout Anglais impartial et honorable sur ce fait.

Sans entrer à présent dans un examen minutieux des erreurs, des inconséquences et du mauvais raisonnement de ce rapport, je désire donner le plus de publicité possible à ma protestation indignée et emphatique contre les grossières éclaboussures dont j'ai été ainsi couverte par le comité de la Société des recherches psychiques, à l'instigation de l'enquêteur unique, incompétent et déloyal, dont ils ont accepté les conclusions. Dans tout le présent rapport il n'y a pas, une accusation

contre moi qui pût soutenir l'épreuve d'une enquête impartiale sur place, où mes propres expli-
cations pourraient être contrôlées par l'examen de
témoins. Elles ont été développées uniquement
dans l'esprit de M. Hodgson, et ont été cachées à
mes amis et collègues tout le temps qu'il est resté
à Madras, abusant de l'hospitalité et de l'aide qui
lui fut donnée sans réserves pour ses recherches
au quartier général de la société à Adyar, où il prit
l'attitude d'un ami, bien qu'à présent il représente
comme des trompeurs et des menteurs les gens
avec qui il a été ainsi en rapport. Les accusations
présentées sont soutenues d'un côté seulement
par les preuves réunies par lui, et quand le temps
est passé où lui-même pourrait être confronté
avec des preuves contraires et avec des arguments
que ne pouvait lui fournir sa connaissance très
limitée du sujet auquel il a essayé de s'attaquer.
M. Hodgson, s'étant ainsi tout d'abord constitué
accusateur et ministère public, et s'étant dispensé
de la défense dans les transactions compliquées
qu'il examinait, me trouve coupable de tous les
méfaits qu'il m'a imputés en sa capacité de juge,
et déclare que mon archi-imposture est un fait
établi.

Le comité de la S.R.P. n'a pas hésité à accepter en substance le jugement général ainsi prononcé par M. Hodgson, et m'a insultée publiquement en donnant son opinion favorable aux conclusions de son agent, opinion qui repose uniquement et simplement sur le rapport de ce seul député. Partout où peuvent être compris les principes de la loyauté et un généreux souci de la réputation des personnes diffamées, je crois que la conduite du comité sera regardée avec des sentiments voisins de la profonde indignation que je ressens. Je n'ai pas de doute qu'à un moment donné d'autres écrivains dévoileront l'enquête élaborée mais mal dirigée de M. Hodgson, sa précision affectée, qui dépense une patience infinie sur des riens et reste aveugle aux faits importants, ses raisonnements contradictoires et son incapacité manifeste à s'occuper de problèmes comme ceux qu'il a essayé de résoudre. Beaucoup d'amis qui me connaissent mieux que le comité de la S.R.P. resteront indifférents aux opinions de cette compagnie, et je dois abandonner entre leurs mains ma réputation si maltraitée. Mais il est un passage de ce monstrueux rapport auquel je dois tout au moins répondre en mon propre nom.

Comprenant vivement l'évidente absurdité de ses conclusions à mon sujet, tant qu'elles ne seront étayées d'aucun motif qui puisse expliquer théoriquement le dévouement de toute ma vie à mon œuvre théosophique au prix de la situation que m'assurait la nature dans la société de mon pays, M. Hodgson a eu la vilénie de distiller la supposition que je suis un agent politique de la Russie, que j'ai inventé un faux mouvement religieux pour saper le gouvernement britannique dans l'Inde! Se prévalant pour colorer cette hypothèse d'un vieux fragment de mon écriture apparemment fourni par Mme Coulomb, et qu'il n'a pas su reconnaître pour ce qu'il est, c'est-à-dire pour un passage d'une *traduction* que je fis jadis pour le *Pioneer* d'après certains voyages russes dans l'Asie centrale, M. Hodgson a lancé contre moi cette théorie dans son rapport, que les messieurs de la S.R.P. n'ont pas rougi de publier. Voilà près de huit ans que je me suis fait naturaliser citoyenne des États-Unis, ce qui m'a fait perdre tout droit à ma pension annuelle de 5.000 roubles comme veuve d'un haut fonctionnaire russe; j'ai constamment élevé la voix dans l'Inde pour répondre à tous mes amis indigènes que, si mauvais que me semble le gouver-

nement anglais sous certains rapports, à cause
de son manque de sympathie, le gouvernement
russe serait mille fois pire ; j'ai écrit dans ce sens
à des amis indiens avant de quitter l'Amérique
pour l'Inde, en 1879 ; quiconque est au courant
de mon but, de mes habitudes, de la vie si peu
déguisée que j'ai menée dans l'Inde, sait que je
n'ai ni goût ni penchant pour aucune espèce de
politique, mais que toutes me sont antipathi-
ques à l'excès ; le gouvernement de l'Inde, qui
lors de mon arrivée dans ce pays soupçonnait
en moi une espionne parce que j'étais Russe, n'a
pas tardé à abandonner son inutile espionnage,
et n'a jamais eu depuis, que je sache, la moindre tendance à me soupçonner ; en présence de
pareils faits, la théorie de l'espionnage russe que
M. Hodgson a ainsi ressuscitée du tombeau où
elle était enfouie depuis des années sous le ridicule, ne servira qu'à rendre ses conclusions sur
moi plus extravagantes et plus stupides encore
qu'elles ne l'auraient été sans cela, dans l'estime
de mes amis et de tous ceux qui me connaissent
réellement. Mais regardant ce caractère d'espion
avec le dégoût que peut seul ressentir un Russe
qui n'en est pas un, je sens l'impulsion irrésistible
de répudier la vaine et infâme calomnie de M.

Hodgson avec un mépris encore plus concentré que celui que me semble mériter sa manière générale de procéder, et que mérite également le Comité de la société qu'il sert. En adoptant ses absurdités en bloc, ce groupe fait voir qu'il est composé de personnes encore moins aptes à explorer les mystères des phénomènes psychiques que je n'aurais cru qu'on en pût trouver parmi les hommes éduqués d'Angleterre, à l'époque actuelle, et après tout ce qui a été écrit et publié sur le sujet en ces dernières années.

M. Hodgson sait bien, et sans doute le comité partage cette conviction, qu'il est à l'abri de mes poursuites en diffamation, parce que je n'ai pas d'argent pour engager une procédure coûteuse (ayant donné tout ce que j'avais à la cause que je sers); et aussi parce que ma réclamation entraînerait un examen des mystères psychiques dont ne peut s'occuper loyalement une cour de justice; et encore parce qu'il y a des questions auxquelles j'ai pris l'engagement solennel de ne jamais répondre; qu'une enquête légale sur ces calomnies amènerait inévitablement ces questions à la surface, et que mon silence et mon refus d'y répondre seraient interprétés comme *mépris pour la cour*. Cet état de choses explique l'attaque éhontée faite contre une femme sans défense, et l'inaction à laquelle je suis si cruellement réduite en face de cette attaque.

H. P. BLAVATSKY.

14 janvier 1886. "

Il y a une politique qu'elle ne voulut jamais tolérer, en ce qui concerne les Maîtres, les phénomènes accomplis par son intermédiaire, et les communications venues d'eux : c'est celle qui consiste à essayer de séparer l'occulte de la philosophie, à esquiver la critique et l'hostilité d'un monde ignorant en exaltant la philosophie aux dépens de l'occulte. Agir ainsi, a-t-elle déclaré à plusieurs reprises, c'était pousser à la destruction de la Société. Elle avait amèrement conscience de la déloyauté avec laquelle elle avait été traitée, et de la manière dont beaucoup de théosophes consentaient à la sacrifier à la foule, tout en profitant de ses enseignements, et en déclarant que la Société théosophique avait ses propres fondements et pouvait continuer d'exister, même si elle était considérée comme un imposteur. C'est pour protester contre cela qu'elle écrivit de Suisse à Adyar, déclarant que toute prête qu'elle était à sacrifier sa vie et son honneur pour l'amour de la Société, c'était la mort pour celle-ci si l'on devait abandonner comme des impostures les manifestations des Maîtres et leurs communications ; elle citait en les approuvant :

"ceux qui soutiennent que la S. T., moins les Maîtres, est une absurdité ; et qu'étant l'unique moyen pour communiquer avec les Maîtres et répandre leur philosophie, si je ne continue à travailler pour la Société comme par le passé, la Société mourra".

Elle a constamment affirmé que la Société n'était digne de vivre, que si celle-ci se portait garant et restait un canal pour l'enseignement des Maîtres ; et elle n'en prenait soin que pour en faire un instrument apte à accomplir leur œuvre dans le monde.

Ce qu'était H. P. Blavatsky, le monde peut-être le saura un jour, Elle était de stature héroïque, et les âmes plus petites ressentaient instinctivement sa force, sa nature titanesque. Sans souci des conventions ni des apparences, franche jusqu'à manquer de sagesse — de ce que le monde estime comme sagesse, — trop honnête pour compter sur la malhonnêteté d'autrui, elle s'exposait continuellement à la critique et au malentendu. Remplie de force intellectuelle et de connaissances extraordinaires, elle était humble comme un petit enfant. Brave jusqu'à l'insouciance, elle était pleine de pitié et de tendresse. Passionnément indignée quand on l'accusait de fautes qu'elle méprisait, elle était généreuse et prête au pardon envers un ennemi repentant. Elle avait cent vertus splendides, et quelques légers défauts. Puisse le Maître qu'elle a servi avec un courage inébranlable, avec un dévouement sans défaillance, nous envoyer de nouveau "le Frère que vous connaissez sous le nom de H. P. B., et nous — sous un autre nom".

TABLE DES MATIÈRES

Helena Petrovna Blavatsky
(31 juillet 1831 — 26 avril 1891)

H.P. Blavatsky était une occultiste russe, médium et auteur. Elle fut la co-fondatrice de la Société Théosophique en 1875. Elle publia *Isis Dévoilé* en 1877, un livre décrivant sa vision théosophique du monde. En l'associant étroitement aux doctrines ésotériques de l'hermétisme et du néoplatonisme, elle décrivit la Théosophie comme «la synthèse de la science, de la religion et de la philosophie». Elle publia ensuite d'autres ouvrages, dont *La Doctrine Secrète*, *La Clef de la Théosophie* et *La Voix du Silence*. Bien que Mme Blavatsky fût une figure controversée tout au cours de sa vie, ses doctrines théosophiques ont influencé la diffusion des idées hindoues et bouddhistes en Occident ainsi que le développement de courants ésotériques occidentaux.

Mme Annie Besant
(1er octobre 1847 - 20 septembre 1933)

Née à Londres, Mme Annie Besant fut une conféren-
cière, féministe, libre-penseuse, socialiste et théosophe britannique qui prit part à la lutte ouvrière et
lutta également pour l'indépendance de l'Inde. Elle
fit de nombreuses lectures philosophiques qui dével-
oppèrent ses questionnements métaphysiques et spi-
rituels. Elle partit s'installer en Inde en 1893 où était
basée la Société théosophique. Elle en prit la direction en 1907 et l'assuma jusqu'à sa mort en 1933.

www.ingramcontent.com/pod-product-compliance
Lightning Source LLC
LaVergne TN
LVHW051129080426
835510LV00018B/2306